Lilys Stil – Eine Erzählung mit Erotik

Lily und Mark sind Stiefgeschwister, beides Sprösslinge ehrgeiziger Alleinerziehender, die miteinander ein zweites Glück gefunden haben. Eigentlich mögen Lily und Mark sich nicht besonders – aber als eine Verkettung von Umständen dazu führt, dass sie einander doch sehr viel näherkommen als von ihren Eltern geplant, löst dies eine wahre Kaskade an Problemen aus.

Immerhin – Stiefgeschwister *sind* doch so etwas wie Geschwister, oder?

Lotte Liesbeth

~

Lilys Stil

Eine Erzählung mit Erotik

ANDERLAND
BOOKS

12105 Berlin
https://anderlandbooks.com/
1. Auflage

Tag der Veröffentlichung 15.08.2022
Titelbild: May Laen
ISBN: 978-3-96977-124-2

Inhaltsverzeichnis

Die Welt, wie sie war

„Mark!“, fauchte Lily und bollerte gegen die Badezimmertür, bevor sie ihre Stirn resigniert gegen den Rahmen drückte.

Das Leben hätte so schön sein können. Das Leben war auch schön, in vielerlei Hinsicht. Lily war froh, dass ihre Mutter eine neue Liebe gefunden hatte, nach dem spurlosen Verschwinden ihres Vaters, als sie selbst noch ein Baby gewesen war. Sie war froh, dass sie Ben mochte und dass Ben nicht versuchte, an ihr herum zu erziehen – dafür hatte sie schließlich ihre Mutter, und das war mehr als genug. Sie war auch froh, dass ihre Mutter und ihr Stiefvater sich zusammen dieses große Haus gekauft hatten, mit riesigen Schlafzimmern und en-suite Badezimmern.

Das Einzige, worüber sie zunehmend *nicht* froh war, war, dass ihr en-suite gleichzeitig das ihres Stiefbruders war.

Sie hatte von Anfang an gewusst, dass Ben einen Sohn in ihrem Alter hatte. Dass Mark tatsächlich nur einen Tag vor ihr Geburtstag hatte, nun denn, das war ungünstig. Damit hatte sie vergessen können, in ihren siebzehnten Geburtstag zu feiern, wie sie eigentlich geplant hatte, obwohl er doch auf einen Samstag fiel und der große, neue Partykeller ihr endlich die notwendigen Räumlichkeiten für eine solche Feier bot. Nein, stattdessen hatte sie am Morgen ihres Geburtstages die Reste von Marks Party am Abend zuvor aufräumen müssen.

Und was sie besonders ärgerte, war, dass es in einem dreiviertel Jahr zu ihrem achtzehnten genauso sein würde – wenn nicht schlimmer: Mark hatte am Samstag und sie am Sonntag Geburtstag. Ein Reinfeiern daheim war so gut wie ausgeschlossen. Sie bekam schon schlechte Laune, wenn sie nur daran dachte.

Natürlich, und da musste sie fair sein, konnte Mark nichts dafür, am Tag vor ihr geboren zu sein. Und, auch das gestand sie ein, gab es mit Sicherheit schlimmere Stiefbrüder als ihn. Meistens ignorierten sie sich gegenseitig, weil jeder mit seinem eigenen Leben beschäftigt war. Manchmal allerdings zog er sie furchtbar auf und ärgerte sie, wie zum Beispiel damals, als sie wegen des Geburtstages in Tränen ausgebrochen war.

Dann wiederum hatte er am nächsten Morgen brav beim Aufräumen geholfen und ihr sogar einigermaßen ernsthaft gratuliert. Nein, es konnte schlimmere Stiefbrüder geben – auch hässlichere, unbeliebtere, peinlichere – und sie war sich ganz sicher, dass sie einigermaßen gut mit Mark unter einem Dach zurechtgekommen wäre, wäre ... ja, wäre da nicht die Tatsache, dass sie sich das Badezimmer teilen mussten, das am Ende ihrer beider Schlafzimmer lag und nur darüber zu erreichen.

Man sollte doch davon ausgehen, dass ein siebzehnjähriger Junge weniger Zeit im Bad verbringen würde als ein gleichaltriges Mädchen, vor allem, wenn diese so lange Haare hatte wie Lily!

Aber nein, Mark, dessen Frisur immer ein wenig so aussah, als käme er direkt aus dem Bett, verbrachte *mehr* Zeit dort als sie! Manchmal glaubte sie, er täte dies mit voller Absicht, nur, um sie zu ärgern. Um ehrlich zu sein, war sie mittlerweile davon *überzeugt*, dass es so war – vor allem vor solchen Ereignissen wie heute, wo sie zunehmend unter Zeitdruck geriet und Ärger mit ihrer Mutter riskierte.

Ihre Eltern hatten sich auf einer dieser Gesellschaftspartys kennengelernt, mit karitativem Hintergrund und intensiver Netzwerkbildung. Ihre Eltern waren beide sehr karriereorientiert, was erstaunlich für zwei Alleinerziehende war. So gesehen passten sie gut zueinander. Und so gesehen konnte Lily nicht erwarten, dass Ben bei ihrer Mutter dafür plädieren würde, dass sie, Lily, von nun an von solchen Events verschont werden würde – denn er schleppte seinen Sohn genauso mit, wann immer es ging, und präsentierte sich als der erfolgreiche Vater.

Zusammen ergaben sie eine Traum-Patchworkfamilie, wie Lily manchmal bitter dachte. Sie war schon als Kleinkind zu diesen Gartenpartys und Matineen mitgeschleift worden, und sie kannte die meisten des alten Kerns, konnte die eifrigen Neuen rasch einschätzen und allen möglichst aus dem Weg gehen.

Sie war zum Leidwesen ihrer Mutter weder ehrgeizig noch eine begabte Netzwerkerin. Sie war schüchtern, verträumt, schnell verlegen. Zumindest, so seufzte die Mutter immer, war sie niedlich anzusehen. Also hatte Lily, aufgehübscht und aufgerüscht, ihre Mutter zu den Veranstaltungen zu begleiten, genauso wie Mark dazu verdonnert war, als schmückendes Beiwerk und weil es ihnen doch nur nützen konnte, diese wichtigen Leute zu kennen.

Lily hatte anfangs mit Erleichterung festgestellt, dass Mark genauso wenig wie sie an den ach-so-atemberaubenden Kontaktmöglichkeiten interessiert war, sondern meistens nur höfliche Konversation betrieb und sich bemühte, nicht zu gelangweilt auszusehen. Aber wenn sie gehofft hatte, einen Verbündeten zu finden, dann hatte sie sich geirrt. Mark war an ihr ebenso wenig interessiert wie an sozialen Partys.

Doch er kannte ihre Bedeutung für ihre Eltern. Und er wusste, es war nur noch eine Stunde, bis Lilys Mutter sie einsammeln und abfahren wollte, und Lily war weder geduscht noch waren ihre Haare gewaschen. Ihr Plan hatte vorgesehen, jetzt bereits den Lockenstab aufzuheizen – und Mark war noch immer im Bad!

In der Badewanne!

Klang da etwa ... der Wasserhahn?

„Mark!“, brüllte sie und donnerte erneut gegen die Tür.

„Hey, sorry!“, kam es leichthin zurück. „Ich habe gerade noch mal heißes Wasser nachgefüllt. Meine Schulter tut mir heute so weh.“

Mark war begeisterter Sportler, wenn auch kein Tennis, zum Bedauern seines Vaters, sondern Judo. Noch etwas, was er Lily voraushatte, die Sport verabscheute.

Sie wurde immer wütender.

„Ich muss duschen!“, schrie sie. „Ich habe nur noch eine Stunde!“

Sie hörte es fröhlich plätschern, ganz so, als habe er sich gemütlich ausgestreckt.

„Dann komm doch rein“, sagte Mark mit hörbarem Grinsen in der Stimme. „Die Tür ist offen. Ist doch auch dein Bad!“

Dieser ... dieser ... dieser Mistkerl! Sie schnappte nach Luft, spürte, wie ihr das Blut vor Wut in den Kopf stieg – und etwas, irgendetwas Kleines, aber so Bedeutsames in ihr hakte einfach aus.

Es hakte aus.

Ehe sie einen weiteren klaren Gedanken gefasst hatte, hatte sie sich ihr T-Shirt über den Kopf gezogen, war aus ihrer Jogginghose gestiegen und ihre Unterwäsche lag am Boden. Sie schnappte sich die beiden Handtücher, die bereits auf der Kommode parat lagen, holte tief Luft, öffnete die Tür und marschierte hinein.

Durch das Rauschen in ihren Ohren hörte sie hastiges Platschen, ganz so, als ob Mark hektisch in der Wanne zusammengefahren wäre. Aber sie würdigte ihn keines Blickes, packte die beiden Handtücher auf einen Hocker und trat in die Dusche, die Wand hinter sich schließend. Diese war mattiert, worüber sie gerade in diesem Moment unfassbar dankbar war, in dem das Rauschen in den Ohren aufhörte und ihr Verstand wiedereinsetzte.

War sie gerade tatsächlich nackt vor ihrem Stiefbruder durch das Bad gerannt? Sie, die eher auf der pummeligen Seite angesiedelt war, weit entfernt von irgendwelchen sexy Modelmaßen?

Sie stellte hastig das Wasser an und quietschte unwillkürlich auf, als der erste kalte Schwall sie traf. Rasch regulierte sie die Temperatur und griff nach ihrem Shampoo, Mark und der Badewanne demonstrativ den Rücken zukehrend, mattiertes Glas hin oder her.

Es war nicht schlimm, beruhigte sie sich, er hatte nur ihre Rückenansicht gesehen. Immerhin hatte sie die Handtücher gegen ihre Brust gedrückt. Und falls er sich über sie lustig machen wollte ... er wusste, dass sie keine Jungfrau mehr war.

Dann wiederum, vielleicht war dies eher negativ, denn die Art und Weise, wie Lily ihre Jungfräulichkeit verloren hatte, war inzwischen leider eine Familienanekdote.

Es war an ihrem sechzehnten Geburtstag passiert – im Nachhinein wusste sie, warum er so lange gewartet hatte. Er, das war der junge Referendar an ihrer damaligen Schule gewesen, Deutsch und Englisch, mit einem Schwerpunkt auf romantischer Literatur. Damals hatte Lilys Mutter Ben gerade kennengelernt und noch weniger Zeit als sonst für ihre Tochter gehabt.

Lily, introvertiert und schüchtern, hatte kaum Freunde, aber sie liebte Gedichte, und so hatte sich bald ein engeres

Verhältnis zwischen ihr und dem Referendar herausgebildet. Sie hatte ihm ihren Kummer anvertraut, er hatte sie mit Poesie getröstet, und irgendwann mit einem ersten, zarten Kuss. Er war gar nicht so viel älter als sie, empfand sie, nur sieben Jahre. Was bedeuteten sieben Jahre, wenn sie erst siebzig war?

Die heimlichen Küsse waren bald heftiger geworden und hatten Gefühle in der fünfzehnjährigen Lily geweckt, die sie bis dato nicht gekannt hatte. Und als er sie an ihrem sechzehnten Geburtstag – ein Freitag, an dem ihre Mutter unaufschiebbare Verpflichtungen hatte – zu einem romantischen Picknick in einen abgelegenen Park entführte, da hatte sie gewusst, was auf sie zu kam, und sie war einverstanden gewesen. Sie war einverstanden gewesen, dass er ihre Bluse geöffnet und ihr Höschen entfernt hatte. Sie mochte seine Küsse und seine Hände auf ihren Brüsten.

Sie mochte es gar nicht, als er in sie drang, und dass es nicht einfach war, irgendetwas nicht stimmte und er schließlich Gewalt anwenden musste, das mochte sie auch nicht – aber sie liebte ihn doch, dachte sie, und sie hatte sich nicht gewehrt.

Sie hatte geblutet, sehr. Mehr als normal, das konnte sie an seinen Augen sehen. Er hatte sie danach schnell eingepackt und nach Hause gefahren, Panik in den Augen.

Er hatte sie zum Abschied nicht einmal geküsst.

Lily, blutend, verletzt und voller Schmerzen, hatte sich bis ins Wohnzimmer ihrer damaligen Wohnung geschleppt und war dort ohnmächtig geworden. Ihre Mutter hatte sie eine Stunde später gefunden und voller Angst in die Notaufnahme gebracht. Die Blutung hatte da bereits ein wenig nachgelassen, aber schlimm hatte es dennoch ausgesehen.

Die Ärztin hatte von einem abnorm verdickten Hymen gesprochen, das mit Gewalt zerrissen worden war, und dessen Reste sie chirurgisch entfernen musste.

Die Mutter hatte es Vergewaltigung genannt.

Letzteres hatte Lily, schamesrot und verzweifelt, vehement abgestritten. Eine Spermaprobe gab es nicht – immerhin war ein Kondom im Spiel gewesen. Sie hatte sich geschworen, den Namen ihres Liebsten nicht zu nennen, bis sie anfingen, DNA-Proben von ihr zu sammeln und über Speichel und Haare zu reden.

Da war sie zusammengebrochen.

Sie war gerade sechzehn, weshalb sich ihr Liebhaber nicht der Verführung Minderjähriger strafbar gemacht hatte – was er, wie ihre Mutter ihr bitter versicherte, bestimmt in Betracht gezogen hatte. Dennoch war er ein Referendar und sie eine Schülerin. Er verlor seinen Job. Lily selbst wurde noch im selben Jahr umgeschult, damit sie, so ihre Mutter, den Rest ihrer Schulzeit unbelastet angehen konnte.

Natürlich hatte es Gerüchte gegeben. Lily hatte darauf bestanden, dass es keine Vergewaltigung gewesen war, und darum gefleht, es nicht zur Anzeige kommen zu lassen. Es war traumatisch genug gewesen, aufgrund einer anatomischen Besonderheit, die es nun dank der Gynäkologin nicht mehr gab. Sie hätte also alles hinter sich lassen können – wenn nicht, ja wenn nicht die Mutter bei einem ihrer ersten gemeinsamen Abende, als das Thema auf Verfehlungen und Verbote kam, vor Mark und Ben genau diese Geschichte ausgegraben hätte.

Lily hatte sich in Grund und Boden geschämt und ihrer Mutter bis heute nicht richtig verziehen. Ihre Mutter hatte gemeint, Mark und Ben müssten es wissen, um Lily adäquat schützen zu können, und dass sie jetzt doch eine Familie seien. Ben und Mark hingegen hatten beide verlegen reagiert, ganz so, als ob sie gut ohne dieses Wissen hätten leben können. Keiner von beiden hatte Lily je wieder darauf angesprochen.

Dafür war sie dankbar.

Und jetzt war sie nackt direkt vor Mark durch das Badezimmer spaziert.

War sie denn wahnsinnig? Wollte sie es riskieren, dass er sie ärgerte, dass er sich über ihren runden Körper amüsierte und vielleicht sogar diese alte Geschichte ausgrub? Hatte sie denn der Teufel geritten? Sie rubbelte vehement durch ihre Locken, auf denen sich schon ein wahrer Schaumberg gebildet hatte.

Dann, plötzlich, traf sie ein kühler Lufthauch, und eine raue Stimme sagte hinter ihr: „Du reißt dir noch die Haare aus, wenn du so weiter machst.“

Sie erstarrte in völliger Bewegungslosigkeit, den Rücken der Duschtür zugewandt. Mark nahm ihre Hände, zog sie herunter und begann stattdessen, selbst den Schaum einzumassieren. Sie riss die Augen auf, fassungslos.

Stand er etwa hinter ihr?

Nein, *natürlich* stand er hinter ihr, und trug er ... sie riskierte einen Blick und bekam prompt Seife in die Augen.

„Aua!", sagte sie unwillkürlich.

„Warte", murmelte er, griff um sie herum und stellte die Regendusche an. Warmes Wasser prasselte auf sie herunter, wusch den Schaum aus ihren Haaren. Marks Finger glitten über ihre Wange zu ihrem Auge, das sie zusammengekniffen hatte, wischten Seifenspuren weg.

„Blinzele", befahl er. Seine Stimme klang heiser.

Sie gehorchte, öffnete das Auge, blinzelte Wasser und Shampoo weg. Er hatte einen Waschlappen in der Hand, drückte ihn gegen ihren Augenwinkel. Das Brennen verschwand, oder vielleicht wurde es abgelöst durch ein ganz anderes Brennen. Marks Hand fuhr zu ihrem Hals, und sie schluckte unter seinen Fingern. Er griff wieder um sie herum, die Dusche ausstellend.

„Was kommt als nächstes?", flüsterte er. „Du machst die Dusche immer zweimal an und aus."

Sie musste sich räuspern, bevor sie antworten konnte. Er stand dicht genug hinter ihr, dass sie seine Körperwärme spüren konnte, und sie wusste dank ihres kurzen Blickes auch leider zu genau, was sie da an ihrem Po berührte.

Aber seine Hände – das musste sie ihm lassen – seine Hände waren bislang hilfreich und artig gewesen.

„Haarkur", wisperte sie, „sie muss einwirken."

„Gib sie mir", forderte er.

Lily wusste nicht, was sie ritt, aber sie beugte sich vor – wodurch ihr Po in engeren Kontakt geriet mit dem, was sich hinter ihr befand – packte schnell die Haarkur und kam wieder hoch. Mark nahm ihr die Flasche aus der Hand. Sie rührte sich nicht, als seine Finger durch ihre Haare glitten, schmierig von der Creme, die langen Strähnen und ihre Kopfhaut massierend. Sie brachte es nicht über sich, ihm zu sagen, dass Haarkur nie auf die Kopfhaut aufgetragen werden sollte, so gut fühlte es sich an.

Er beugte sich vor, und sie spürte seine nasse Brust an ihrem Rücken.

„Erledigt", sagte er leise in ihr Ohr. „Was jetzt?"

„Duschgel", krächzte sie. Sie hatte ihren genauen Ablauf, abgestimmt und optimiert, und anscheinend war ihm das aufgefallen. Sie wusste nicht, was sie davon halten sollte, aber sie ahnte, was er vorhatte, bevor er es sagte.

„Gib es mir."

Panik war daran schuld, dachte sie später, dass sie sich vorbeugte, hastig eine riesige Portion Duschgel in ihre Hand drückte und diese, noch während sie sich aufrichtete, selbst auf ihrem Oberkörper verteilte. Dann fielen ihre Hände wie gelähmt herunter.

Sie konnte sich doch nicht waschen, wenn Mark ...

Sie konnte sich doch nicht dort anfassen, wenn er hinter ihr stand ...!

„Oh, Lily", murmelte er, und seine Hände fuhren durch den Seifenschaum auf ihrem Körper.

Sie keuchte unwillkürlich. Die Panik verließ ihren Körper, als er sich an sie drückte, seine Finger über ihren

Bauch glitten, sich um ihre Brüste legten, weiter zu ihren Armen, selbst in die Achselhöhlen. Eine Hand fuhr tatsächlich hinab zu ihren Beinen, vorsichtig, behutsam. Sie rührte sich nicht, protestierte nicht, aber half auch nicht, als die Hand die Haare berührte, die sie vor über einem Jahr penibel mittels IPL in Form gebracht und danach nie wieder angefasst hatte.

Er trat einen Schritt zurück, schob ihre glitschigen Strähnen über die Schulter, und begann, ihren Rücken zu waschen, hinunter bis zu ihrem Gesäß, bis hin zu ... Ein Finger rutschte tatsächlich in die Spalte zwischen ihre Pobacken. Sie schnappte nach Luft und glaubte, ihn leise lachen zu hören.

Mark packte ihre Schultern und drehte sie um.

Sie sah auf, in sein Gesicht. Er hatte schöne Augen, das wusste sie, dunkelbraun und warm, mit dichten Wimpern. Den Ausdruck darin konnte sie nicht deuten – eine Mischung aus Sorge, Aufregung und definitiver Erregung. Erregung entdeckte sie auch, wenn sie hinunterblickte, an seinem Körper entlang. Sie konnte nicht fassen, was hier geschah, aber sie wusste plötzlich, dass sie ihm nicht die ganze Kontrolle überlassen wollte.

Lily fuhr mit offenen Händen über ihre Haut, sammelte Schaum ein und verstrich ihn auf Marks Brust, seinen Schultern, seinen Armen. Diesmal war er es, der sich nicht rührte, ihr einfach nur zusah. Sie strich zu seinem Bauch, um ihn herum, seinen Rücken, seinen Po. Durch all seinen Sport hatte er ein sehr knackiges Hinterteil, und das war ihr nicht erst gestern aufgefallen.

Sie legte ihre Hände darum und drückte zu.

Er geriet in Bewegung. Seine Pupillen weiteten sich, eine Hand schob sich über ihren Bauch, zwischen ihre Beine. Ein Finger grub sich dazwischen.

„Mach sie auf", flüsterte er rau, und sie, ohne nachzudenken, gehorchte, so dass er hineingleiten konnte, den Schaum dort verteilte, und etwas berührte, ein Gefühl entfachte ... Ihr Kopf fiel unwillkürlich zurück.

Er beugte sich vor und küsste ihren Hals.

„Fass mich an", murmelte er, „Lily."

Sie öffnete ihre Augen, löste ihre Finger von diesem anziehenden Gesäß und ließ sie zögernd, ein bisschen ängstlich, nach vorne gleiten. Mark war heiß und fest, unter weicher Haut, und als sie mit ihrem Finger an ihm entlangfuhr, verdunkelten sich seine Augen.

„Nimm ihn in den Mund", forderte er. „Knie dich hin und nimm ihn in den Mund."

Ihre Lippen öffneten sich, so geschockt war sie. Und plötzlich, ohne dass sie darüber nachgedacht hatte, rutschte ihr heraus: „Du zuerst."

Er hielt inne. Dann hoben sich seine Mundwinkel leicht, er gab ein kleines Nicken und murmelte: „Was Recht ist ...", bevor er auf die Knie sank.

Lily wusste nicht, wohin sie schauen sollte, spürte, wie sie heftig errötete. Niemals, niemals hätte sie damit gerechnet ... niemals ... Mark kniete vor ihr, das Gesicht auf Höhe ihrer Hüften und legte den Kopf schief.

„Zu viel Seife", befand er, langte um sie herum und nahm die Handbrause. Zwei schnelle Griffe, und Wasser schoss aus dem kleinen Kopf. Er drehte ein wenig an dem angebrachten Rädchen, bis der Strahl seinen Vorstellungen entsprach, und richtete ihn auf sie. Seine freie Hand fuhr zwischen ihre Beine, zwang sie weiter auseinander, öffnete sie, und Lilys Schläfe kollidierte mit der Wand. Drei, vier Mal traf der Strahl sie an Stellen, an denen sie dies noch nie gespürt hatte, und die Welt drehte sich.

„Besser", hörte sie ihn befriedigt sagen.

Die Handbrause landete mit einem kleinen Poltern auf dem Boden, er beugte sich vor, und eine warme, feuchte Zunge leckte einmal die gesamte Länge entlang, noch einmal, bevor sie sich auf einen Punkt weiter vorne konzentrierten. Ihre Knie wurden schwach, sie musste sich an der Armatur festklammern. Nie, niemals zuvor hatte sie so etwas empfunden, sie hatte ja gar nicht gewusst ... die Gefühle, die sie vor gut einem Jahr gehabt hatte, waren ein fahler Abklatsch, ein milder Vorgeschmack auf das gewesen, was Marks Zunge in ihr auslöste, und jetzt schob er auch noch einen Finger, nein, zwei, in sie hinein ... Lily keuchte immer heftiger, er saugte, und dann gaben ihre Beine wirklich nach und sie sackte zuckend und bebend auf ihn. Ein Arm fing sie auf, die andere Hand blieb, wo sie war, die Finger rhythmisch, so dass sie gleich noch einmal hinterherkam, ein zweiter Orgasmus – denn ja, dass dies ein Orgasmus gewesen war, ihr erster, das kapierte auch sie.

Sie lagen ineinander verkeilt auf dem Boden der Dusche, heftig atmend. Lily öffnete zitternd ihre Augen. Mark hielt sie noch immer fest, und in seinem Blick stand etwas Triumphierendes, etwas Besonderes. Langsam ließ er sie los, richtete sich auf, zog sie auf ihre Knie und stellte sich hin. Sein Atem ging genauso schnell wie ihrer, als er zur Armatur griff und die Regendusche wieder anstellte.

Er musste nichts sagen. Sie wusste, was er wollte.

Sie hatte dies noch nie zuvorgetan. Nie war sie dem Referendar so nahegekommen, nie hatte er das von ihr verlangt – vielleicht, weil sie erst fünfzehn gewesen war. Aber jetzt war sie siebzehn, und vor ihr stand ihr Stiefbruder, nackt und mit Begehren in den Augen.

Sie richtete sich auf und öffnete ihren Mund. Mit den Fingern half sie nach, um so viel wie möglich von ihm aufzunehmen. Irgendwo hatte sie einmal etwas über Würgereflexe und Deep Throat gelesen, und war sich ziemlich sicher, dass sie dies nicht ausprobieren wollte.

Stattdessen nutzte sie ihre Zunge, in Erinnerung daran, wie Marks über sie getanzt war und wie wundervoll sich dies angefühlt hatte. Sie verfolgte den Lauf einer Vene, ließ ihn wieder ein wenig hinausgleiten, fand den kleinen Schlitz an der Spitze und spielte damit. Ihre andere Hand tastete nach seinen Hoden. Sie hielt sie behutsam, weil sie wusste, dass sie empfindlich waren, und sah auf.

Mark, umgeben von auf sie niederprasselnden Wassertropfen, starrte sie an, einen Arm gegen die Wand gestützt, die andere Faust gegen den Mund gepresst. Er bemerkte ihren fragenden Blick, löste die Faust, und seine Finger fuhren durch ihre Haare.

„Nicht aufhören“, befahl er rau. „Nimm ihn wieder in den Mund. Leck daran entlang. Saug ...“

Er brach ab, als sie all das in die Tat umsetzte, behutsam saugte, dann etwas stärker, dann ruckten seinen Hüften plötzlich vor, dass er sie fast erstickte, und mit einem unterdrückten Laut zog er sich aus ihr zurück und spritzte hinunter in die Duschkabine.

Sein zweiter Arm landete an der Wand, als ob er Halt brauchte. Sie konnte auf einmal den vorherigen Triumph in seinen Augen nachempfinden – jetzt ging es ihr ähnlich. Instinktiv beugte sie sich vor und leckte erneut über ihn, zuckend unter ihrer Zunge.

Marks Hand fiel in ihre Haare, zu ihrer Schulter. Er zog sie schließlich hoch, bis sie wieder zwischen seinen Armen stand und gab ihr einen zarten, fast zärtlichen Kuss auf die Lippen. Sein Atem beruhigte sich, und der Ausdruck in seinen Augen war brennend.

„Das war sehr sexy“, sagte er heiser. „Aber ich warne dich. Ich habe bei weitem noch nicht genug. Ich will noch viel mehr.“

Ihr wurde warm. Sie musste schlucken.

„Wir haben keine Zeit“, flüsterte sie.

Er lächelte sie an.

„Später“, sagte er, „haben wir alle Zeit der Welt. Zieh dich an, wir müssen gleich los. Aber schließ nachher deine Zimmertür zum Flur ab. Heute Nacht komme ich zu dir.“

~

Heute Nacht komme ich zu dir ...

Wusste Mark eigentlich, was er damit angerichtet hatte? Lily war ein Nervenbündel. Als sie aus dem Bad kam, hatte sie gerade noch zwanzig Minuten, um sich anzuziehen, ihre Haare zu föhnen, in einen simplen Pferdeschwanz zu wickeln, und ein leichtes Make-up aufzulegen. Sich stark zu schminken kam nicht in Frage – sie hätte sich nur ein Donnerwetter eingefangen.

Als sie geradeso pünktlich hinuntereilte, war Mark bereits da, in Hemd und schlichter Hose, adrett wie es sein Vater wünschte, und sprach mit ihrer Mutter. Mark war immer höflich zu ihrer Mutter, aber genauso distanziert, wie er es zu seinem Vater war.

Seltsam, jetzt, wo sie darüber nachdachte – Marks Verhältnis zu seinem Vater war vermutlich noch kühler als das ihrige zu ihrer Mutter.

Ehe sie sich versah, saß sie neben ihm im schicken Familienauto auf der Rückbank, sammelten sie Ben von seiner Bank ein, wo er noch einen späten Termin gehabt hatte, und waren unterwegs zur Gartenparty.

Wie immer wurden ihre Eltern freudig begrüßt – manche Freude schien sogar echt zu sein – wie immer wurden die ja-ach-schon-so-großen-und-hübschen Kinder bestaunt, und dann überließ man sie sich selbst. Mark verschwand durch eine Tür, und Lily war die nächsten Stunden allein.

Sie aß ein paar Happen vom reichhaltigen Buffet, aber ihr Appetit hielt sich in Grenzen. Irgendein Geschäftsfreund ihrer Mutter fing sie ab, ein Typ dreimal so alt wie sie, und gab ihr ein Glas Champagner mit den Worten, dass sie mittlerweile dafür ja wohl alt genug sei.

Er kam ihr ein wenig zu nahe, doch Lily, so schüchtern wie sie war, hatte genug Erfahrung damit, unangenehme Typen loszuwerden. Sie lud ihn unauffällig bei einer älteren Dame ab, die sich auf der Suche nach einem Ehemann befand, belohnte sich mit einem zweiten Glas Champagner – sie war alt genug, wahrhaftig, und es schmeckte ihr auch – und schlenderte weiter durch den Garten, immer darauf bedacht, schwierigen Situationen aus dem Weg zu gehen.

Darin hatte sie längst so etwas wie einen siebten Sinn entwickelt.

„Lily, Liebes, bitte hol doch noch ein paar Cracker aus der Küche“, bat sie die Dame des Hauses, die zwar nicht am Essen, wohl aber am Service gespart hatte, und sich nicht zu schade war, die Kinder ihrer Gäste einzubinden. Sie kannte das, und sie hatte nicht einmal was dagegen, denn es gab ihr etwas zu tun. Mindestens eine Stunde musste sie noch durchhalten, bevor ihre Eltern gewillt waren, heimzukehren. Allzu spät blieben sie glücklicherweise nie. Dafür waren sie viel zu verantwortungsbewusst. Sie hatten Jobs und Kinder.

Lily kannte das Haus, und sie kannte die Küche. Sie nahm zwei leere Schalen vom Rand des Buffets, vergewisserte sich, dass der unangenehme Schleimer noch beschäftigt war, und trat in die Küche. Sie war nicht einmal besonders überrascht, Mark dort vorzufinden, Champagnerflaschen entkorkend. Er war genauso wie sie zur Arbeit herangezogen worden.

Heute Nacht komme ich zu dir ...

Sie schenkte ihm nur ein schwaches Lächeln, während sie sich reckte und die Cracker-Packungen aus dem Regal holte. Als sie die Schalen auffüllte, trat er dicht neben sie. Der Blick ging aus der Küche hinaus auf die Terrasse, aber der hohe Tresen verbarg seine Hand, die sich von hinten auf ihren Oberschenkel legte, dicht unter ihr Gesäß.

Lily zwang sich, nicht zusammenzuzucken und verteilte gleichmäßig Cracker.

„Der alte Peters starrt dich immer an", murmelte Mark.

„Ich weiß", sagte sie. „Ich kenne ihn. Mit ihm werde ich fertig."

„Ich mag nicht, wie er dich anstarrt."

„Mach dir keine Gedanken darüber", sagte sie.

„Es sah aber aus, als ob es dir Gedanken machen würde", entgegnete er. „Du hast ganz abwesend gewirkt, vorhin, als er neben dir stand."

„Das lag bestimmt nicht an ihm", widersprach sie, „vergiss ihn. *Er* beschäftigt mich gar nicht."

Seine Mundwinkel hoben sich ein wenig, amüsiert.

„Was beschäftigt dich denn?", fragte er leise, während seine Hand unter ihren Rock glitt, und wieder an ihrem Schenkel hinauf.

Jetzt zuckte sie doch zusammen.

„Es könnte uns jemand sehen!", zischte sie.

„Die haben alle viel zu sehr mit sich selbst zu tun", antwortete er, „lächele. Woran hast du vorhin gedacht?"

Sie seufzte und stellte die Schachtel hin. Marks Hand hatte den Rand ihrer Unterwäsche erreicht und fuhr daran entlang. Sie war versucht, die Beine zusammenzukneifen, und ließ es.

Heute Nacht komme ich zu dir ...

„Es war das erste Mal, weißt du?“, platzte es aus ihr heraus.

Ihre Hände zitterten. Sie nahm sich hastig eines der gefüllten Champagnergläser, um das zu kaschieren.

Marks Hand hielt inne.

„Das erste Mal was?“, hakte er nach. „Das erste Mal, dass dich einer nackt gesehen hat? Das erste Mal, dass dich jemand angefasst hat? Das stimmt nicht, Lily, und ich weiß es.“

Der Referendar hatte sie nie ganz nackt gesehen, nur darum ging es jetzt nicht. Sie war nicht so feige, diese Ausrede zu nutzen, aber sie brachte es auch nicht über sich zu antworten. Und doch schien er plötzlich zu kapieren.

„Das erste Mal ...“, wiederholte er flüsternd. „Du bist das erste Mal gekommen. Du bist unter meiner Zunge das erste Mal gekommen. Lily ...“

Er presste seine Hüften gegen den Tresen, und seine Hand schob sich zwischen ihre Schenkel, die Finger zur Faust, seine Knöchel, die sie streiften. Sie musste sich auf die Lippen beißen, um ein Stöhnen zu unterdrücken, und nahm hastig einen Schluck.

Mark holte tief Luft.

„Hast du denn nie selbst ...?“, murmelte er.

Sie schüttelte den Kopf und hoffte, dass niemandem ihr roter Kopf auffallen würde.

Einen Moment war es still, dann gab er ein leises Lachen von sich. Die Faust löste sich, und seine Finger glitten spielerisch über sie, über den Stoff, und waren dann weg. Er zog ihren Rock unauffällig gerade und beugte sich zu ihr.

„Das will ich heute Nacht sehen", wisperte er in ihr Ohr. „Ich will neben dir liegen und zusehen. Oh Lily ... all die Dinge, die wir ausprobieren können ...!"

Er schnappte das Glas aus ihrer Hand und stürzte es mit einem Schwung herunter.

„Trink nicht so viel", sagte er mit Augenzwinkern, als die Dame des Hauses in die Küche kam, wohl um zu sehen, was aus ihren Drinks und Crackern geworden war. Er grinste sie an und verschwand nach draußen.

Lily griff sich ein zweites Glas, leerte es ebenfalls mit einem Zug, und bevor sie zu weiterer Arbeit herangezogen werden konnte, nahm sie die beiden aufgefüllten Schalen und verdrückte sich.

Heute Nacht komme ich zur dir ...

~

Es war vergleichsweise früh, als die Eltern zum Aufbruch bliesen, denn der Tag war lang gewesen, und das Ziel des Abends erreicht. Sie holten ihre Jacken und gingen gemeinsam zum Auto. Es lag an Lilys Nervosität, dass sie auf dem Parkplatz stolperte, und nicht an den drei Gläsern Alkohol, sicherlich nicht. Aber Tatsache war, dass Mark, der neben ihr ging, sie auffing, einen prüfenden Blick in ihr Gesicht warf und fröhlich verkündete: „Na, das war wohl doch ein bisschen zu viel Sekt, was, Kleines?“

Sie konnte es nicht leiden, wenn er sie Kleines nannte, war er doch nur einen Tag älter als sie. Das, in Kombination mit ihrer Aufregung – und vielleicht auch in Kombination mit dem ungewohnten Champagner – führte dazu, dass sie über ihre Worte stolperte und vor lauter Zorn nur unzusammenhängendes Zeug herausbekam.

„Lily!“, sagte ihre Mutter entrüstet.

Mark lachte.

„Reg dich nicht auf, Eva, sie ist doch alt genug“, meinte er leichthin. „Ich helfe ihr schon.“

Er öffnete die Autotür und verfrachtete Lily, die immer noch spuckte, rasch und wenig elegant auf die Rückbank, rutschte hastig hinterher und zog sie an sich, ihr Gesicht gegen seine Brust drückend.

„Es geht ihr gut genug“, behauptete er. „Sie ist in Nullkommanichts eingeschlafen.“

„Zumindest hat sie sich auf der Party normal verhalten“, murmelte Lilys Mutter, als sie einstieg. „Wirklich, Kind ... aber nun gut. Irgendwann musst du wohl mit dem Alkohol anfangen, und besser, du tust es unter unserer Aufsicht als ganz allein.“

Die ungewohnt milde Reaktion ihrer Mutter, und der angenehme Duft, der von Marks Hemd aufstieg, ließen Lily verstummen. Sie war nicht so dumm, einen Streit vom Zaun zu brechen, den sie nicht gewinnen konnte. Nichts war alberner als der Ausruf, sie wäre nicht betrunken.

Zudem hatte sie schon schlechter gelegen. Es war längst dunkel geworden, Marks Hand befand sich auf ihrem Knie. Sie wusste, dass man dies nicht vom Vordersitz sehen konnte, es sei denn, ihre Eltern hätten sich umgedreht, und dennoch verursachte es ihr einen gewissen Kitzel; vor allem, als seine Finger langsam auf Wanderschaft gingen und wieder unter ihren Rock glitten.

Sie wünschte, sie wäre mutig genug und traute sich dasselbe.

Als sie daheim ankamen, hatte er längst ihre Wäsche erreicht und Lily ein wenig in den Wahnsinn getrieben. Es war gut, dass es dunkel war, denn sonst wären ihre erhitzten Wangen bestimmt aufgefallen. Aber auch Mark würde bei hellem Licht ein Problem bekommen, wie sie erkannte, als die Wagenbeleuchtung anging. Seine feine Stoffhose verbarg nicht, dass seine Aktionen ihn nicht unberührt gelassen hatten.

Sie stieß wie zufällig mit ihrem Ellenbogen dagegen.

Und wurde plötzlich von ihm gepackt, aus dem Wagen gezogen und wenig formell über seine Schulter geworfen, seine Hände an ihren Knien.

„Ich bringe unsere Prinzessin nach oben“, verkündete er.

Sie konnte nicht sehen, wie die Eltern reagierten, da sie kopfüber hing und ihre eigenen Haare ihr die Sicht verdeckten. Aber was genug war, war genug. Sie versetzte Marks Hintern einen Schlag, und dann gleich noch einen, weil es sich so gut anfühlte.

„Hey, du Neandertaler!“, protestierte sie.

„Na, dann mach mal, Großer", erklang Bens gutmütige Stimme. Er schien glücklich zu sein, dass sein distanzierter Sohn sich in die Patchworkfamilie einbrachte.

Mark trug sie die Treppe hinauf. Ein wenig beleidigt dachte sie, dass er sie zumindest in den Armen halten könnte, und nicht wie einen Kartoffelsack. Aber seine Hand an ihren Knien war warm, sein Atem ging schnell, und sie wusste, sie war keine Feder. Also verbiss sie sich weitere Proteste und beschwerte sich nur mit einem erneuten „Hey", als er sie mit Schwung auf ihrem Bett ablud.

Ihre Mutter steckte besorgt den Kopf ins Zimmer.

„Kommst du zurecht, Lily?", fragte sie. „Wie viel hast du denn getrunken?"

„Nicht so viel", murrte Lily und stützte sich mit den Ellenbogen ab. „Mark übertreibt. Ich *komme* zurecht. Geht jetzt, ich will schlafen!"

„Bist du sicher?", meinte ihre Mutter zögernd.

Lily rollte mit den Augen. Mark grinste, nahm den Arm der Mutter und dirigierte sie hinaus.

„Komm schon, Eva, es kann doch nichts passieren", hörte Lily ihn noch sagen, bevor er die Tür hinter sich schloss, „und wenn, ich schlafe nebenan."

Er schlief nebenan ...

Heute Nacht komme ich zu Dir ...

Lily wartete, bis die Stimmen verklungen waren, Marks Tür zugeklappt und die Schritte ihrer Mutter sich entfernt hatten. Dann sprang sie wie von der Tarantel gestochen auf und verschloss ihre Zimmertür zum Flur.

Die zum Bad ließ sie offen.

Was nun? Ihre Schuhe waren schnell abgestreift. Sie war sich nicht sicher, ob sie das Kleid ausziehen wollte, und hockte sich unsicher wieder auf ihr Bett. Würde er wirklich kommen? Spielte er nur mit ihr? Was, wenn jemand herausfand ...

Sie wurde in ihren Gedanken unterbrochen, als die Badezimmertür aufging und Mark darinstand.

Er war bereits barfuß und öffnete die letzten Knöpfe an seinem Hemd, bevor er es auszog und sorgfältig über einen Stuhl hängte. Wie sie ging er sehr pfleglich mit seinen feinen Sachen um; das hatten ihre Eltern ihnen beiden eingetrichtert. Mit trockenem Mund sah sie zu, wie er seine Hose öffnete, sie abstreifte und danebenlegte. Nur noch mit seinen knappen Shorts bekleidet setzte er sich auf das Bett.

„Willst du das anbehalten?“, fragte er mit einem Blick auf ihr Kleid.

Sie schluckte. Was vorhin in der Dusche geschehen war, und dann auf der Party und im Auto, dabei hatte sie immer nur reagiert. Sie hatte sich zwar nicht gewehrt, aber aktiv war sie kaum geworden. Auf der anderen Seite mochte sie das Gefühl seiner Hände auf ihrer Haut, und zwar sehr. Und dass Mark sie sexy fand, hatte er wohl bewiesen.

Was sprach also gegen einen Striptease?

Ein *Tease* wurde es dann allerdings nicht, dafür war sie nicht mutig genug. Sie legte ihr Kleid ab, hängte es genauso sorgfältig wie er über einen Bügel, und war sich einen Moment lang unsicher, was sie mit dem BH machen sollte. Sie biss sich auf die Lippen, die Finger an den Trägern.

„Zieh ihn aus“, sagte er rau, „und komm her.“

Ja, dann tat sie das wohl. Zum Glück hatte sie gelernt, den BH hinten aufzumachen, und musste ihn nicht wie früher erst noch nach vorne drehen. Noch nie war sie darüber so dankbar gewesen wie jetzt. Aber auch noch nie zuvor hatte sie sich vor einem Jungen ausgezogen. Hastig kletterte sie aufs Bett und streckte sich neben ihm aus. Mark legte sich auf die Seite und betrachtete sie von Kopf bis Fuß.

„Hast du dich wirklich nie selbst berührt?“, fragte er, ungläubig klingend.

Sie wurde rot.

„Natürlich“, sagte sie verlegen. „Aber nie ... nie bis dahin ... nie so ... so wie du.“

„Dafür müsstest du auch sehr akrobatisch veranlagt sein“, murmelte er, und ihre Röte vertiefte sich. Natürlich, es war seine Zunge gewesen. Wie hatte sie dies vergessen können? Bei dem Gedanken daran wurde ihr schon wieder warm.

„Ich weiß nicht, ob ich das kann“, platzte sie heraus.

Er lächelte sie spontan an.

„Natürlich kannst du es“, sagte er selbstsicher. „Aber ich helfe dir gerne, wenn ich dafür zusehen darf. Fass dich an.“

Das war reichlich unspezifisch, fand Lily, und es war zudem auch reichlich peinlich, dies vor seinen Augen zu tun. Sie wollte nicht kneifen, und sie wollte ... sie wollte wieder dies fühlen, was sie im Bad gefühlt hatte. Also holte sie tief Luft, und weil sie sich nicht ganz traute, fuhr sie mit beiden Händen über ihren Oberkörper. Mark lachte leise. Es klang sanft und nahm ihr ein wenig die Angst.

„Oh, aber du würdest mehr von mir verlangen, wenn ich dies wäre“, behauptete er, „sei nicht so zaghaft. Wenn es meine Hände wären, wie würdest du wollen, dass sie dich anfassen?“

Was würde sie wollen? Der Referendar hatte ihren Busen ziemlich geknetet, aber zwischen dem und ihrer eigenen, leichten Berührung musste es ja noch mehr geben. Sie schloss die Hände um ihre Brüste und drückte sanft. Beide waren mehr als genug für eine Hand, und das erfüllte sie mit Befriedigung. Die gesamte Größe und Textur erfüllte sie mit Befriedigung. Sie drückte sie erneut, etwas kräftiger und spürte, wie die Warzen hart wurden. Ob das an ihr oder an Marks Blick lag, konnte sie nicht sagen.

„Die Spitzen“, sagte er, und es klang wieder rauer, „reib die Spitzen. Zieh ein wenig dran.“

Was war nur mit ihm, hatte er so eine hypnotische Wirkung auf sie, dass sie einfach tat, was er befahl? Sie wusste es nicht, aber sie rieb über ihre Brustwarzen. Dieses Gefühl kannte sie schon, das Ziehen daran noch nicht. Beides war angenehm, entspannte sie und machte sie zugleich begierig auf mehr, mehr was sie ausprobieren wollte. Er lag immer noch neben ihr, ohne sich zu rühren. Sie konnte erkennen, wie erregt er war, und das erregte sie.

„Nimm einen Finger in den Mund“, forderte er heiser. „Mach ihn nass.“

Sie war sich nicht ganz sicher, warum sie das tun sollte, aber sie tat ihm den Gefallen. Allerdings saugte sie nicht wie ein Pornostar daran. Falls er das erwartet hatte und enttäuscht wurde, zeigte er es nicht. Stattdessen sagte er: „Mach die Spitzen mit deinem Finger nass, beide. Reib sie wieder."

Das war in der Tat intensiver. Es war auch intensiver gewesen, erinnerte sie sich, als der Referendar ihre Brust geküsst hatte. Doch sie durfte nicht an ihn und dieses traumatische Erlebnis denken, sonst würde sie sich nie richtig entspannen. Sie fixierte ihren Blick auf Mark, der die Bewegung ihrer Finger beobachtete.

„Was jetzt?", fragte sie leise.

Er sah sie an und räusperte sich.

„Mach ihn noch mal nass", sagte er, „aber jetzt steck die Hand in dein Höschen."

Sie wurde mit einem Schlag knallrot. Sein Blick forderte sie heraus, forderte sie auf, seinen Worten Folge zu leisten, und ja, sie wollte ja, sie wollte dies ja selber. Also tat sie, was er sagte, machte den Finger nass und schob vor seinen Augen die Hand in ihre Unterwäsche, zwischen ihre Beine. Sie konnte nicht glauben, dass sie dies tat, und sie konnte nicht glauben, wie schnell ihr Herz dabei schlug.

Sie zuckte zusammen, als sie sich selbst berührte.

Mark rückte ein wenig näher, löste mit einer Hand ihren schiefhängenden Zopf und strich durch ihre Haare. Sein Arm bildete einen Bogen um ihren Kopf.

„Gut so", flüsterte er, „sag mir, was du fühlst. Bist du feucht?"

Zögernd schob sie den Finger vorwärts und war verblüfft von der cremigen Nässe, die sie vorfand. Anscheinend hatten seine Aktionen im Auto und dies Handeln hier auf dem Bett schon deutliche Spuren hinterlassen. Sie nickte langsam.

Er schluckte hörbar. Seine freie Hand, die vor seinem Bauch lag, ballte sich zur Faust. Lily stellte erstaunt fest, wie erregend sie die Vorstellung fand, dass er um Beherrschung ringen musste.

„Sehr gut", murmelte er, „und jetzt ... jetzt berühre dich. Fahre mit deinem Finger entlang, hoch und wieder runter. Verteile die Feuchtigkeit. Tust du das?"

Sie nickte erneut. Absurderweise war sie dankbar, dass er sie nicht zwang, ihr Höschen auszuziehen. Sie fühlte sich so sicherer zu tun, was er sagte.

„Weiter", drängte er, „steck einen Finger hinein. Nein, nimm zwei."

Sie wurde unwillkürlich steif. Alles, alles war damals gutgegangen, bis der Teil mit dem Reinstecken gekommen war.

„Es ist kein Problem, Lily", ermutigte er sie. „Ich hab's vorhin doch auch getan. Es ist genug Platz. Tu's. Steck sie hinein."

Das war richtig. Er hatte seine Finger in sie geschoben, und es hatte weder wehgetan, noch war es schwierig gewesen. Sie nahm erst einen und war verwundert, wie problemlos es ging. Dann nahm sie den zweiten hinzu und versuchte, seine Bewegungen zu imitieren. Hier hinderte sie allerdings der Stoff ihrer Unterwäsche an allzu ausgedehnten Handlungen.

„Das reicht“, wisperte Mark, „jetzt zieh sie raus und such deine Klitoris. Du findest sie, sie ist ganz oben, und sie wird ganz hart sein, wie eine Perle. Hast du sie? Reib darüber. Reib im Kreis, reib auf und ab. Leichter. Stärker. Finde heraus, was gut ist. Lass dir Zeit, sie gehört ganz dir.“

Es war seine Stimme in ihrem Ohr, befand sie, die sie um den Verstand brachte und sie sich vor seinen Augen streicheln ließ. Es war seine Stimme, die ihre Finger dirigierte, bis ihr Atem schneller ging und sie einen Rhythmus fand, der ihren Unterleib immer mehr zusammenzog. Sie biss sich auf die Lippen und konnte den Kopf nicht mehr stillhalten. Ihre Hand entwickelte förmlich ein Eigenleben.

„Weiter, mehr“, flüsterte Mark, „spürst du es? Schieb deinen Finger noch einmal hinein, mach ihn wieder richtig nass. So ist es gut. Reib weiter.“

„Mark“, keuchte sie. „Ich ... ich ...“

Sie musste die Augen schließen. Etwas fehlte ihr, etwas war ganz nah, fast zum Greifen.

„Und jetzt“, hörte sie seine Stimme ganz nah, „stell dir vor, ich stecke meinen Finger in dich, und spann all deine Muskeln darum an, Lily, all ...“

„Aaah!“ Lily unterbrach sich selbst, indem sie ihre freie Hand auf ihren Mund presste, während ihre Hüften zuckten und bebten, sich wie von selbst hoben und Schauder durch sie liefen, wie vorhin, vielleicht sogar besser. Sie keuchte und kämpfte mit dem Stöhnen, und erst, als sie langsam wieder zu sich fand, stellte sie fest, dass sie nicht die Einzige war, die gekommen war. Marks Hose war vorne ganz nass.

Er zog ihre Hand heraus und küsste den Rücken.

„Wow", sagte er leise. „Das war mit Abstand das Erotischste, was ich je gesehen habe. Zu sehen, wie du deine Hand in dein Höschen steckst und ... Himmel, war das heiß."

Er drehte ihre Hand und saugte tatsächlich ihren Finger in seinen Mund. Sie dachte, ihr Herz würde stehenbleiben.

Mark grinste sie an.

„Jetzt muss ich mich waschen", meinte er. „Ich glaub, zuletzt ist mir das mit dreizehn passiert. Was soll's, Eva macht ja nicht die Wäsche. Danke, Lily, dass ich das sehen durfte. Aber das nächste Mal", hier beugte er sich verschwörerisch vor und biss sanft in eine ihrer Brustwarzen, „das nächste Mal will ich es ohne Höschen. Die ganze Lily-Show, sozusagen."

„Das nächste Mal?", stotterte sie.

Sein Grinsen verbreiterte sich, und er drückte einen kleinen Kuss in ihren Mundwinkel.

„Du glaubst doch nicht, dass ich schon genug habe, oder?", lachte er, „schlaf jetzt, süße Lily. Dies ist noch nicht zu Ende."

Sie sah ihm nach, wie er zur Badezimmertür ging, seine Kleider über dem Arm, und diese hinter sich schloss. Sie hörte, wie drinnen das Wasser rauschte und war für einen Moment versucht, auch aufzustehen und noch einmal zu duschen. Aber dann rutschte sie einfach nur unter ihre Decke, so wie sie war, und schloss die Augen. Sie war tatsächlich müde.

Und erstaunlicherweise schlief sie tief und traumlos.

~

Der nächste Tag war ein Samstag. Lily schlief lange und verpasste Mark, der früh zum Training gegangen war. Sie trank einen Kaffee mit ihrer Mutter und half dann beim wöchentlichen Einkauf. Es gab zwar eine Hilfe, die zweimal pro Woche das Haus saubermachte und die Wäsche erledigte, aber die Einkäufe machten Lily und ihre Mutter immer zusammen.

Früher hatte sie das genossen, war froh gewesen um diese spärlichen Stunden, die sie ihre Mutter für sich hatte, ohne dass Fremde herumsprangen, oder dann später Ben und Mark. Jetzt war sie unruhig, drängte insgeheim nach Hause, und wurde dann doch enttäuscht, denn als sie kamen, war er bereits wieder weg, bei Freunden.

Lily selbst hatte seit ihrem Schulwechsel keine Freundin mehr, der sie hätte anvertrauen können, was am Vortag geschehen war. Sie besaß zwei Freundinnen, mit denen sie die Jungen an ihrer Schule durchhechelte, aber diese waren schon miteinander eng gewesen, bevor sie dazu gekommen war, und sie empfand sich immer ein wenig wie das dritte Rad am Wagen. Außerdem war sie auch gar nicht sicher, ob sie wirklich jemandem erzählen wollte, was zwischen ihr und ihrem Stiefbruder gerade geschah.

Er war ihr *Stiefbruder*. Sie war nicht dumm und wusste, sie waren weder biologisch noch gesetzlich miteinander verwandt, da Ben nicht sie und ihre Mutter nicht Mark adoptiert hatten. So gesehen brachen sie keine Tabus. Aber sie wusste mit todbringender Sicherheit, dass ihre Eltern alles andere als begeistert wären, wenn sie wüssten, was für erotische Spielchen ihre Kinder da direkt unter ihrer Nase trieben.

Es war ja nicht so, als ob sie einen von ihnen aus dem Haus setzen konnte. Lilys Vater war schon so lange verschwunden, dass man ihn für tot erklärt hatte, und Marks Mutter war eine flatterhafte Autorin, die kam und ging wie es ihr passte und immer an irgendwelchen esoterischen Büchern schrieb, für die sie in der halben Welt recherchieren musste. Mark und sie gingen beide noch zur Schule und waren nicht volljährig.

Nein, wenn herauskam, was sie taten, würde dies zu einer Katastrophe führen – vielleicht sogar zu einem Bruch zwischen ihren Eltern, und das wollte Lily auf keinen Fall.

Besser, sie schwieg. Besser, sie sprach mit niemandem darüber.

Aber sie hätte so gerne mit Mark gesprochen.

Er blieb den ganzen Tag verschwunden. Am Abend stand eine weitere Party an, zu der sie mussten – selten genug, dass Lily einen Samstagabend zu Hause oder mit ihren Freundinnen verbringen durfte. Die waren immer neidisch, wenn sie hörten, wohin sie so ging, aber sie selbst hätte auf jede Vernissage, jede Premiere und jede Poolparty verzichtet, wenn sie dafür mal einen echten Mädelsabend hätte genießen können.

Vielleicht war es mal an der Zeit, sich zur Wehr zu setzen.

Immerhin setzte auch Mark sich nicht zur Wehr. Er kam zwar spät, aber gerade noch rechtzeitig nach Hause, um unter die Dusche zu hüpfen und sich umzuziehen. Für mehr war natürlich keine Zeit. Lily, die längst angezogen war, wurde immer unsicherer. Mark hatte ihr zwar ein kleines Lächeln geschenkt, als gerade niemand hergesehen hatte, doch er versuchte weder sie im Auto zu berühren noch auf der Party selbst.

Sie war sich wieder einmal selbst überlassen, plauderte ein wenig mit ein paar Bekannten, machte höfliche Konversation, und zog sich, sobald sie konnte, mit einem Teller und einem Glas Wein in einen leeren Gang zurück. Sie würde auch diesen Abend überstehen. Sie überstand sie immer.

Früher hatte sie bei solchen Gelegenheiten Gedichte verfasst, aber Gedichte waren ihr inzwischen verleidet. Sie träumte einfach sinnlos vor sich, malte in ihren Gedanken Bilder und verbrachte so ihre Zeit.

„Lily?“

Eine ganze Weile später riss Marks Stimme sie aus ihrer Träumerei. Längst war ihr Teller leer, ihr Glas bedauerlicherweise auch. Sie sprang erschrocken hoch. Er stand vor ihr und schien besorgt.

„Geht es dir gut?“, fragte er.

Seltsam, Mark wirkte verlegen, ausgerechnet er, der immer so selbstsicher und überlegen schien. Sie zuckte mit den Achseln.

„Ich mochte diese Veranstaltungen noch nie“, sagte sie, „aber langsam fange ich an, sie zu hassen. Was meinst du – wäre es nicht einmal an der Zeit für eine Meuterei?“

So, das war ja wohl unverfänglich genug, sprach nicht von Erotik und Orgasmen oder davon, dass er nicht genug bekommen konnte. Sie lächelte stolz.

Er hob die Augenbrauen.

„Und das von dir, der Mustertochter?“, fragte er amüsiert klingend. „Die reine Lily will rebellieren?“

„Die reine Lily hat schon so einiges auf dem Kerbholz, wie du wohl weißt“, konterte sie bissig, „von uns beiden bist wohl eher du das perfekte Kind.“

Seltsam, Marks Gesicht verschloss sich wieder. Er sah sich um, nahm ihre Hand und schob sie in das nächste leere Zimmer.

„Lily, hör zu“, sagte er hastig. „Ich weiß nicht genau ... du musst mir sagen, wenn ich zu aufdringlich war, wenn ich was gemacht habe, was du nicht willst, ich meine, ich habe dir ja kaum eine Chance zum Nein sagen gegeben, und ich sollte es doch besser wissen, gerade bei dir, das war wahrscheinlich nicht fair, und du musst ehrlich sagen ...“

Sie hörte mit wachsender Verwirrung seinem Ausbruch zu. Mark sprach praktisch ohne Punkt und Komma und schien ernsthaft zu befürchten, dass ihr nicht gefallen hatte, was geschehen war, ja, dass sie es nicht *gewollt* hatte. Sie hätte fast gelacht. Nun, sicher, er war der weitaus Aggressivere von beiden gewesen, aber hatte sie etwa nichts getan?

Sie machte einen Schritt nach vorne und brachte ihn zum Schweigen, indem sie ihn einfach packte, dort, zwischen seinen Beinen, mit beherztem Griff. Und sie registrierte mit Freude, dass er, während er verstummte, in ihrer Hand hart wurde.

„Ich hatte mehr als genug Möglichkeiten, nein zu sagen, oder zu schreien und mich zu wehren“, flüsterte sie. „Ich habe es nicht getan. Was sagt dir das?“

Er schluckte. Sie konnte die Bewegung an seinem Kehlkopf sehen.

„Dass es dir gefallen hat?“, erwiderte er schwach.

Sie drückte ein bisschen mit ihren Fingern zu und wurde von einem leisen Stöhnen belohnt.

„Dass ich es wollte“, erwiderte sie. „Also hör auf damit. Du hast gesagt, wir können Dinge ausprobieren, und dass du noch viel ausprobieren willst. Ist das nicht so?“

„Doch. So ist es.“

„Na also“, meinte sie befriedigt. „Natürlich gebe ich dir in einem Recht – bislang haben wir gemacht, was du wolltest.“

„Tatsächlich?“, sagte er und schien sich wieder ein wenig zu fangen. Er schob eine Hand unter ihren Rock und umfasste ihren Schenkel. Sein Daumen glitt über ihren Po.

Sie war es, die jetzt schlucken musste.

„Ich sage nicht, dass es mir nicht gefallen hat“, murmelte sie, „nur, dass es deine Ideen waren. Beide. Du wolltest Oralverkehr ...“

„Du auch“, unterbrach er sie grinsend.

„Du hast damit angefangen“, meinte sie streng. „Ich wollte nur meinen Teil. Und gestern Nacht war ganz allein deine Idee. Ich bin dir dankbar, natürlich, aber es war deine Fantasie.“

„Nun denn, Lily-Maus“, sagte er und schob den Zeigefinger weiter hinauf, während sein anderer Arm ihre Schultern umfing. „Was willst du denn?“

Sie biss sich auf die Lippen.

„Du willst Dinge ausprobieren“, sagte sie langsam.

„Oh ja.“

„Mit mir.“

„Nun, mit dir macht es Spaß, und du hast bislang nicht nein gesagt“, antwortete er ehrlich.

Sie nickte. Es ging nicht um Emotionen. Es ging um Experimentieren, um Lust, ohne Angst und Sorge.

„Wir können es doch so machen“, schlug er vor, als sie schwieg, „wir wechseln uns ab. Eine Nacht bestimmst du, eine ich, bis einer von uns nicht mehr will. Niemand muss etwas erfahren. Niemand wird verletzt. Einverstanden? Oder bist du etwa verliebt?“

„Niemand muss etwas erfahren. Niemand wird verletzt“, bestätigte sie, „und nein, ich bin nicht verliebt. Heute Nacht ist meine Nacht.“

Er wirkte mehr als nur erleichtert.

„Einverstanden“, sagte er und krümmte seinen Finger leicht. „Was willst du, süße Lily? Was wollen wir tun?“

Sie nahm ihren ganzen Mut zusammen. Dann sah sie ihn an.

„Schlaf mit mir“, sagte sie mit trockenem Mund, „so richtig. Ohne Blut und Schmerz. So, wie es sein soll.“

Er erwiderte ihren Blick, konnte darin all die unausgesprochene Sorge, all die Angst und Scham lesen, die sie mit ihrer Entjungferung verband. Und er nickte langsam, während draußen Stimmen laut wurden. Sie zog ihre Hand zurück, und er seine.

„So soll es sein“, sagte er, „vergiss nicht, deine Tür abzuschließen, wenn du zu Bett gehst.“

Sie huschte als erste aus dem Zimmer hinaus, denn ihr sah man nichts an. Er folgte eine ganze Weile später.

Aber er lächelte.

~

Es war Samstag, und die Party hätte noch länger gehen sollen, doch Lilys Mutter bekam einen Migräneanfall, so dass sie weit vor Mitternacht nach Hause fahren mussten und Ben ganz damit beschäftigt war, seine Frau zu versorgen. Sie waren weitaus schneller allein als gedacht. Auf dem Flur vor ihren Zimmern blieb Lily stehen.

„Gib mir eine halbe Stunde“, bat sie.

Aber Mark schüttelte den Kopf.

„Damit du Panik bekommen kannst?“, erwiderte er. „Nein. Du kriegst fünf Minuten im Bad, und halte dich nicht mit Nebensächlichkeiten auf. Ich habe alles im Griff.“

„Ich bin nicht derjenige, der das Bad immer Stunden blockiert“, sagte sie entrüstet.

Er grinste und beugte sich zu ihrem Ohr.

„Irgendwann möchte ich mal mit dir baden“, flüsterte er.

Sie drückte gegen seine Brust und schob ihn von sich, empört, dass er ihr keine Zeit zugestehen wollte.

„Ich würde dabei vermutlich ertrinken“, sagte sie. „Also gut. Bis gleich.“

Sie verschwand in ihrem Zimmer, schloss die Tür hinter sich ab und eilte sofort ins Bad. Eigentlich hatte sie vorgehabt, ausführlich zu duschen und sich noch einmal zu rasieren, aber dann – er hatte schon alles an ihr gesehen, und das mehr als einmal. Sie wischte sich die Schminke vom Gesicht, erledige ein paar Notwendigkeiten und gab den Raum dann frei.

Anders als am Vortag zog sie diesmal ihre Kleidung aus und huschte unter die Decke. Und anders als am Vortag trug Mark nur seine Shorts, als er hinüberkam. Er legte ein kleines silbernes Päckchen auf ihren Nachtisch.

„Ich denke, das brauchen wir“, sagte er. „Bist du nackt?“

Es war typisch für ihn, fand sie, dass er ungeniert aussprach, wofür sie sich geschämt hätte. Sie errötete.

„Also ja“, murmelte er.

Sie erwartete fast, dass er die Decke wegreißen und sie seinen Blicken preisgeben würde, aber das tat er nicht. Stattdessen streifte er seine Hose ab und rutschte zwischen die Laken.

War dies, weil er jetzt doch nervös war?

Oder weil es sich um ihre Fantasie handelte, und er ihre Wünsche respektierte?

Wobei es weniger eine Fantasie als eine Teufelsaustreibung war, wenn sie ehrlich war ...

Mark streckte sich neben ihr aus und fuhr mit der Hand durch ihre Haare.

„Prinzessin", brummte er. „Als ich dich das erste Mal sah, dachte ich genau das. Wie eine Prinzessin aus einem Disney-Film."

„Das klingt nicht nach einem Kompliment", sagte sie schärfer, als sie beabsichtig hatte.

„Hm", machte er unbestimmt. „Kann ich dich küssen?"

„Was?", rutschte ihr heraus.

Zum einen hatte Mark sie noch nie vorher um Erlaubnis gefragt, sondern einfach gehandelt. Und zum anderen ... sie mochte nicht Vivian heißen, und dies war nicht Pretty Woman, aber *Küssen*?

„Zum Sex gehört Küssen nicht unbedingt dazu", meinte sie unsicher.

„Oh, aber da bin ich anderer Meinung", grinste er sie an, „so, wie ich dich küssen will, ist es wie Sex. Ich rede hier nicht von romantischen, der-Mond-ist-aufgegangen Küssen, Prinzessin. Ich will Zungen-Sex."

„Zungen-Sex?" Sie musste lachen. „Na denn?"

Er grinste noch breiter, beugte sich vor und presste seinen Mund auf ihren.

Marks Küsse waren nicht romantisch, nicht die Spur. Er knabberte an ihren Lippen, half mit dem Daumen nach, ihren Mund zu öffnen, und drang mit seiner Zunge in sie ein, dass sie an alles Mögliche, aber ganz bestimmt nicht an Mondaufgänge dachte. Sie konnte sich nur noch mit ihrer zur Wehr setzen.

Eine ganze Weile ging das so, pressten sie ihre Lippen aufeinander, während ihre Zungen einen unbestimmten Kampf ausfochten, ein Spiel miteinander spielten, sich neckten, reizten und ineinander verloren. Lily wusste nicht mehr, wann die Decke während dieser heißen Küsse erst heruntergerutscht und dann verschwunden war, wann Mark begonnen hatte, ihren Hals zu lecken und ihre Brustwarzen in seinen Mund zu saugen. Sie war sich auch nicht sicher, wann seine Hand zwischen ihren Beinen gelandet war, und ob dies geschehen war, bevor oder nachdem sie angefangen hatte, seinen Rücken und Po zu streicheln.

Sie griff auch nach vorne, aber er schob sie sofort weg.

„Nichts da, das brauche ich noch", murmelte er, und dann tauchte er mit dem Kopf zwischen ihre Beine und leckte sie ohne Umschweife kurz und bündig zum ersten Orgasmus. Sie war atemlos, als er wieder hochkam.

„Du musst mir sagen", meinte er, selbst auch ein wenig kurzatmig, „was er getan hat. Ich meine, damit ich es anders mache. Ich will nicht, dass du in Panik gerätst und mich verprügelst oder das halbe Haus zusammenschreist."

Das war so absurd, und dann wieder doch nicht, dass sie gegen seine Brust schlug und erneut lachen musste.

„Es war im Park“, sagte sie.

„Das weiß ich. Bedauerlicherweise musste Eva uns ja Details berichten.“

„Oh, das bedauere ich auch“, seufzte Lily.

„Glaube mir“, meinte Mark. „Ich habe während ihrer Geschichte mindestens genauso gelitten wie du. Warum musste sie das erzählen? Meinetwegen hätte sie es Pa sagen können, so unter vier Augen, aber als Familienanekdote? Manchmal ist deine Mutter echt seltsam, Prinzessin.“

„Wirst du mich jetzt immer so nennen?“, fragte sie irritiert. „Und glaube mir, du hast bei dieser Geschichte nicht halb so viel gelitten wie ich.“

„Der Name passt zu dir. Und stell mein Leiden nicht in Abrede.“

„Du ... was auch immer. Es war im Park, und es dämmerte. Es gab also nicht viele Möglichkeiten. Er hat es gemacht ... wie alle halt. Wie man es halt macht.“

„Oh du lieber ...“, murmelte er. „Was haben wir noch zu entdecken, meine süße Prinzessin. Die Missionarsstellung also. Ich ahnte es doch. Wir machen es anders. Bist du schon so weit oder willst du erst noch einen Orgasmus?“

Wann war es so einfach geworden, mit Mark über diese Dinge zu reden?

Wann so unkompliziert?

Sie war nervös, hatte sogar ein bisschen Angst, und deshalb ließ sie sich in die Kissen zurückfallen und seufzte: „Noch einen, bitte.“

„Gerne, Eure Hoheit“, spottete er. „Irgendwelche besonderen Wünsche?“

„Mit dem Mund. Dann kannst du nicht so viel quasseln“, sagte sie bissig.

Mark lachte, doch er tat ihr den Gefallen, und obwohl sie nervös war, war sie immer noch erregt genug, dass er sich nicht allzu sehr hätte anstrengen müssen. Aber er brach ab, bevor sie kommen konnte, zögerte es hinaus, und wieder, und dann richtete er sich plötzlich auf, kniete sich hin und zog sie vor sich.

„Komm, komm her“, flüsterte er, während er mit den Zähnen die Silberfolie aufriss und hastig das Kondom überstreifte.

„Aber du hast doch gesagt ...“, stammelte sie.

„Du kriegst deinen Orgasmus, versprochen“, erwiderte er, „sobald ich in dir bin. Vertrau mir, Prinzessin. Komm. Dreh dich um und setz dich auf mich.“

Seine Hände halfen, drehten sie, so dass ihr Rücken gegen seine Brust drückte, wie zu Anfang unter der Dusche. Er spreizte ihre Beine, zog sie auf seine Knie, auf seinen Schoß. Sie konnte ihn unter sich spüren. Seine Hand glitt wieder nach vorne, rieb sie, bis ihr Kopf gegen seine Schulter fiel, griff dann rasch unter sie und schob sich in sie hinein.

Es tat nicht weh. Es war auch nicht schwierig. Er glitt einfach hinein, und sie konnte ihn in sich spüren, hart und heiß. Er drückte sich an sie, in sie.

„Siehst du?“, flüsterte er. „Da bin ich. Wie fühlt es sich an? Sag es mir.“

Seine Hände fuhren hoch, umfassten ihre Brüste, während er sich vorsichtig bewegte.

Sie stöhnte.

„Gut“, antwortete sie, „anders.“

Würde sie es jemals schaffen, die Dinge zu sagen, die ihr durch den Kopf gingen?

„Voll“, flüsterte sie. „Hart. Sexy.“

„Heiß“, raunte er an ihrem Hals, und seine Hand fand wieder ihren Platz und katapultierte sie zu ihrem nächsten Höhepunkt. Er kam nur Sekunden später, in sie pumpend, sein Stöhnen an ihrer Schulter erstickend.

Dann wurde es ruhig.

Der Teufel war ausgetrieben.

„Ich glaube“, sagte Lily schließlich. „Ich spüre meine Beine nicht mehr.“

„Dafür habe ich den Mund voller Haare“, seufzte er, packte ihre Hüften und hob sie hoch. „Na los, Prinzessin. Hinab von deinem Thron.“

Sie rutschte von ihm herunter und streckte mit einem wohligen Laut ihre Beine aus. Mark verstaute das Kondom in einer Handvoll Papiertaschentücher von ihrem Nachtisch und legte sich neben sie. Er drehte ihr den Kopf zu. Sie tat dasselbe.

„Mission erfüllt?“, fragte er und lachte.

Sie musste auch lachen.

„Mission erfüllt“, sagte sie gutmütig. „Du hast mich ausgetrickst.“

„Es ging nur mit Austricksen. Das war übrigens die umgedrehte Reiter-Position. Für deine Bildung.“

„Ah. Ich nehme an, ich werde noch mehr für meine Bildung tun?“

„Vielleicht nicht gerade heute Nacht. Schließlich brauche ich meinen Schönheitsschlaf.“

„Du hast nur kein Durchhaltevermögen.“

„Oh, das ist ein Fehdehandschuh! Ich werde dir noch das Gegenteil beweisen!“

„Aber nicht mehr heute Nacht“, kicherte sie.

Er grinste.

„Nicht mehr heute Nacht“, gab er zu. „Ich musste mich zu sehr zusammenreißen. Außerdem hatte ich nur ein Kondom, und morgen ist Sonntag.“

„Kein Sex am Tag des Herrn?“

„Du wirst ja richtig vorlaut, Prinzessin“, sagte er kopfschüttelnd. „Nein, die Drogerie hat morgen zu. Das heißt, ich muss mir für meine Fantasie wieder was anderes überlegen.“

„Na“, sagte sie und kuschelte sich in ihre Kissen. „Dann streng dich mal an. Meine Fantasie hat mir sehr gut gefallen.“

Er beugte sich plötzlich über sie und gab ihr einen kleinen Kuss in den Mundwinkel.

„Das freut mich, Prinzessin“, sagte er. „Das freut mich sehr.“

Und damit vergab sie ihm auch ihren neuen Spitznamen.

~

Der Sonntag war ein sehr entspannter Tag. Das Wetter war schlecht, und es stand nicht nichts an, weshalb Lily den ganzen Tag gemütlich auf der Couch vor dem Fernseher verbrachte. Auch diesbezüglich war Ben genauso altmodisch wie ihre Mutter – ihre Kinder besaßen zwar jeder einen Laptop, aber zum Streamen und Fernsehen gab es nur das große und extrem schicke Familiengerät im Wohnzimmer.

Lily hatte nichts dagegen, den Tag hier zu verbringen. Ihre Mutter hatte sich gleich nach dem Frühstück ihrer Migräne wegen wieder hingelegt, und Mark war mit seinem Vater bei einem Wettkampf. Dem Himmel sei Dank, dass der neue Familiensinn nicht beinhaltete, dass sie alle zu seinen Wettkämpfen mussten! Sie argwöhnte, dass dies vor allem daran lag, dass ihre Mutter den muffigen Geruch von Turnhallen nicht ausstehen konnte. Sie war Mitglied in einem schicken Fitnessstudio und hatte Lily zum letzten Geburtstag eine Mitgliedschaft geschenkt.

Lily hatte das Gebäude noch nicht einmal von innen gesehen, auch wenn sie argwöhnte, irgendwann keine Ausreden mehr zu finden.

So hatte sie das Wohnzimmer den größten Teil des Tages für sich allein, bis sie alle zum Abendessen aus ihren verschiedenen Löchern kamen. Mark hatte eine ganze Zeit in der Badewanne verbracht und verzog das Gesicht beim Bewegen seiner Schulter. Ben wirkte angespannt und ihre Mutter immer noch blass.

Lily hatte gekocht, denn Fertigpizza kam in diesem Haushalt nicht auf den Tisch.

„Lecker“, lobte Ben und spießte ein weiteres Stück Fleisch auf, wofür sie ihm echt dankbar war. Ihre Mutter stocherte nur so im Essen, und Mark schien verstimmt.

Ben musterte seinen Sohn und sagte laut: „Mark fängt übrigens wieder mit dem Laufen an. Es ist gut für seine Ausdauer.“

Der kurze Blick, den sein Sohn ihm daraufhin zuwarf, sprach Bände. Lily argwöhnte plötzlich, dass er bei seinem Kampf nicht in Bestform gewesen war, und sie befürchtete, schuld daran zu sein. Sie biss sich auf die Lippen.

„Was für eine großartige Idee!“, ließ sich da ihre Mutter unvermittelt vernehmen. „Nimm doch Lily gleich mit, Mark!“

„Bitte?“ Lily hätte fast das Blatt Salat wieder ausgespuckt. „Er soll was?“

„Du sollst laufen, Lily“, sagte ihre Mutter. „Deine Mitgliedschaft Im Fitnessclub hast du ja immer noch nicht angetreten. Aber du musst endlich einmal etwas Sport machen! Es gefällt mir gar nicht, dass du immer nur drinnen hockst. Und es ist gut für die Ausdauer.“

Lily starrte erst fassungslos sie an, dann Mark, der plötzlich grinste. Sie wurde rot.

„Wenn Mark mit mir laufen muss“, versuchte sie sich zu retten, „hat er doch gar nichts davon! Ich breche nach hundert Metern zusammen! Und ich bin viel zu langsam! Er braucht es doch für seine Wettkämpfe! Ich wäre nur ein Klotz am Bein.“

„Ach“, meinte Mark vergnügt. „Beim Laufen baut man schnell Kondition auf. Ich wäre bereit, am Anfang etwas Rücksicht zu nehmen.“

„Aber du solltest ...“, brummte Ben, sah dann seine Frau an, die plötzlich sehr energisch wirkte, und gab nach: „Also gut. Nimm Lily mit.“

„Ich habe am Mittwoch Zeit“, bestimmte Lilys Mutter. „Dann kaufen wir dir ein schönes Outfit. Und nächstes Wochenende könnt ihr gemeinsam starten!“

„Oh, Mama!“, fauchte Lily.

„Ach, komm schon, Prinzessin“, sagte Mark. „Es könnte Spaß machen!“

Aus irgendeinem Grund war seine gute Laune wiederhergestellt, und das blieb nicht ohne Wirkung auf ihre eigene Stimmung.

Sie gab nach.

„Also gut“, wiederholte sie Bens Worte resigniert. „Nimm mich mit.“

~

Marks wiederhergestellte Stimmung gab ihr Hoffnung, dass der Abend doch noch so enden würde wie geplant. Sie verabschiedete sich bald nach dem Essen, ging nach oben, verschloss ihre Zimmertür und duschte ausgiebig. Sie hatte ihre Haare gerade geföhnt und saß vor ihrem

Schminkspiegel, die letzten Knoten ausbürstend, als er seine Nase hineinsteckte. Sie musste sich das Lächeln verbeißen.

„Deine Laune ist ja wohl wieder gut“, sagte sie mit hochgezogenen Augenbrauen.

Er zuckte mit den Achseln, wanderte zu ihrem Bett und strecke sich darauf aus. Wie beim letzten Mal trug er nur seine Shorts.

„Ich habe verloren“, sagte er, „und mir auch noch die Schulter geprellt, weil ich nicht richtig gefallen bin. Pa war sauer. Weil ich verloren habe, meine ich. Das mit der Schulter kommt schnell wieder in Ordnung.“

Sie legte die Bürste hin, kam herüber und setzte sich auf die Bettkante.

„So etwas habe ich mir schon gedacht“, meinte sie nachdenklich. „Aber glaubst du wirklich, deinem Vater ist egal, wenn du dich verletzt hast?“

„Es ist ihm nicht egal“, gab er zu. „Er ärgert sich nur mehr darüber, dass sein Vorzeigesohn einen so dummen Fehler gemacht hat. Damit kann man nicht gut angeben. Wollen wir ernsthaft über meinen Vater reden? Ich warne dich, ich bin angeschlagen genug. Am Ende falle ich noch aus!“

„Na, das wollen wir doch nicht riskieren“, wechselte sie grinsend das Thema. Es fiel ihr immer leichter, mit ihm zu scherzen. Wie seltsam, dass sie noch vor ein paar Tagen wegen solchen Bemerkungen an die Decke gegangen wäre.

„Was ist deine Fantasie für heute Abend?“, fragte sie.

Mark setzte sich auf und verzog wieder das Gesicht, als er seine Schulter bewegte. Es war die linke, wie sie mit Erleichterung feststellte, und er war Rechtshänder.

„Das weißt du schon", sagte er rau. „Ich will die ganze Lily-Show. Hatte ich das nicht bereits gesagt?"

Ihr wurde plötzlich sehr warm. Ja, er hatte vor zwei Tagen gesagt, dass er noch einmal sehen wollte, wie sie sich selbst befriedigte, allerdings ohne Stoffbarrieren.

Sie musste schlucken.

„Einverstanden?", fragte er.

Sie nickte nach kurzem Zögern. Mark lächelte sie an und streckte eine Hand aus.

„Zieh das aus", sagte er mit Blick auf ihr Nachthemd. „Alles. Zieh dich ganz aus und leg dich hier hin."

Sie holte tief Luft, griff den Saum ihres Hemdes und streifte es über den Kopf, bevor sie es sich anders überlegen könnte. Auch ihr Höschen folgte rasch. Am Tag zuvor hatten sie miteinander geschlafen – sie musste jetzt wirklich langsam mal ihre Schüchternheit ihm gegenüber ablegen.

Vorsichtig rutschte sie in die Mitte des Bettes.

Mark drückte ihre Schultern zurück, bis sie in den Kissen lag. Er kniete sich vor sie, nah, aber nicht zu nah, legte seine Hände auf ihre angezogenen Beine und schob sie sanft auseinander.

Sie musste kurz die Augen schließen.

Als sie sie wieder öffnete, war sein Gesicht über ihr und sein Finger glitt mit sanftem Druck über ihre Lippen.

„Ich würde dich jetzt küssen", sagte er nachdenklich. „Aber ich fürchte, dass dieser Abend dann doch ganz anders enden würde, und meine Schulter tut immer noch weh."

Er drückte seinen Finger erneut gegen ihre Lippen, und beinahe automatisch öffnete sie ihren Mund und saugte ihn hinein. Seine Pupillen weiteten sich leicht. Er zog den Finger zurück, griff ihre eigene Hand und führte sie an ihre Lippen.

„Ich will es sehen", sagte er heiser, „los, Lily. Zeig es mir, wie beim letzten Mal. Lass es mich sehen."

Er setzte sich zurück auf seine Fersen, zwischen ihren geöffneten Beinen, und sie war wie gebannt von seinem Blick. Langsam, behutsam befeuchtete sie ihre Finger, strich kurz über ihre Brustspitzen, aber hielt sich nicht besonders lange damit aus. Es lag etwas so Brennendes, so Hypnotisches in seinem Blick, dass sie es selbst kaum erwarten konnte, ihre Hand zwischen ihre Beine zu schieben. Er hätte ihr dieses Mal keine Anweisungen geben müssen, aber er tat es trotzdem, verlangte dies, forderte jenes, sprach mit rauer, dunkler Stimme und hielt sie in seinem Bann, bis sie hemmungslos und offen direkt vor ihm kam.

Mark fiel vor, die verletzte Schulter ignorierend, und rieb ein, zwei Mal kräftig mit seiner stoffbedeckten Erektion über sie, bevor er ihr folgte und auf ihr zusammensackte.

Es dauerte einen Moment, bevor er wieder von ihr herunterrollte.

„Morgen kaufe ich Kondome“, murmelte er.

Kondome waren schön und gut, dachte Lily bei sich, aber vielleicht sollte sie doch mal die Frauenärztin wieder aufsuchen – ohne ihre Mutter, verstand sich. Denn wenn Mark den Kopf noch voller Ideen hatte, und sie mehr als willens war, diesen zu folgen, dann war eine bessere Verhütung sicher nicht verkehrt.

~

Am Montag fiel ihr Abend aus, denn Marks Schulter war so steif, dass er mit einem Muskelrelaxans ins Bett gehen musste und bis zum Morgen schlief. Es war vielleicht auch gar nicht schlecht, dass sie mal einen Tag Pause einlegten.

Auch so war es seltsam genug, sich in der Schule zu begegnen und so zu tun, als sei nichts vorgefallen. Den Schulweg teilten sie sich zwar nicht – Lily nahm den Bus, und Mark, der Sportler, fuhr bloß bei Glatteis und Tiefschnee nicht mit dem Fahrrad. In den Pausen liefen sie sich jedoch regelmäßig über den Weg, und hier musste sie sich zwingen, ihn nicht anzustarren, sondern möglichst zu ignorieren.

Soweit sie es mitbekam, verhielt er sich ihr gegenüber vollkommen wie zuvor.

Aber am Dienstagabend stand er wieder in ihrem Zimmer, und diesmal verbrauchten sie gleich zwei Kondome – einmal mit der normalen Reiter-Stellung, die Lily sich gewünscht hatte, da sie der Meinung war, dies beherrschen zu müssen – und einmal mit der Löffelchen-Stellung, weil

Mark es offenbar zu verführerisch fand, ihr Bein über seines zu heben, während er sich an ihren Rücken schmiegte. Sie protestierte nicht, gab ihm sogar noch eine Massage für die geprellte Schulter, in der Hoffnung, dass er bald wiederhergestellt und voll bewegungsfähig war.

Am Mittwoch war dann sie diejenige, die absagte, denn nachdem ihre Mutter sie durch fünf verschiedene Sportausstatter geschleift und ihr mehrere Lauf-Outfits verpasst hatte, die Lily nur bedingt schmeichelhaft fand, waren sowohl ihre Kondition als auch ihre Laune am Boden.

Doch wenn sie befürchtet hatte, dass Mark beleidigt reagieren würde, hatte sie sich geirrt. Er versetzte ihr einen kleinen Nasenstüber und ließ sie ansonsten in Ruhe. Sie hatten beide nach der Nacht zuvor etwas mehr Schlaf allerdings auch bitter nötig.

Donnerstag führte er sie in die Geheimnisse von Sixtynine ein, und Freitagabend kamen sie so spät von einer Vernissage wieder, dass sie beide einfach nur ins Bett fielen.

Am Samstagmorgen wurde sie unsanft geweckt, denn Mark schien das mit dem frühmorgendlichen Laufen ernst zu meinen. Sie jammerte, sie protestierte, aber er zog sie einfach aus dem Bett, drohte, wenn sie in fünf Minuten nicht unten wäre, sie wie einen Kartoffelsack hinunterzutragen – anscheinend war seine Schulter wiederhergestellt – und so fügte sie sich murrend, zog das schönste ihrer Outfits an, und vergaß nach fünf Minuten, was sie trug, weil sie natürlich vor Atemnot und Schweiß fast krepierte.

„Ausdauer, Lily“, spottete Mark. „Ausdauer!“

Schließlich hatte er Mitleid mit ihr, legte ein sehr langsames Tempo vor, und als sie trotzdem nicht mehr konnte, gingen sie ein paar hundert Meter, bis sie erholt genug für die nächste Etappe war. Am Ende waren sie fast eine Stunde draußen unterwegs und Lily irrsinnig stolz.

Am Abend jedoch waren sie bei Charlene Peters‘ Familie zur Party eingeladen.

Nicht nur, dass Charlenes Onkel der Typ war, der Lily immer mit den Augen auszog, nein, Charlene, eine der wenigen Teenager, die sich auch regelmäßig auf diesen Veranstaltungen herumtrieben, war Lilys erklärte Feindin. Mit Mark hingegen hatte sie schon ein paar Mal heftig herumgeflirtet, was Lily nicht weiter wunderte, schließlich war Mark ein Leckerbissen und Charlene nicht blind. Sie wusste nicht, wie weit er sich auf die Flirterei eingelassen hatte, da sie immer angewidert den Raum verließ, wenn Charlene damit anfing. Aber sie argwöhnte sehr, dass er nicht abgeneigt war, denn Charlene mit ihren glänzenden Locken und ihrer Modelfigur bekam keine Zurückweisungen.

Normalerweise überstand Lily solche Partys, indem sie sich ein ruhiges Eckchen suchte und ihren Gedanken nachhing, aber diesmal schien Mark andere Vorstellungen zu haben. Er nahm ihre Hand, kaum, dass sie da waren, und ließ sie nicht mehr von seiner Seite, so dass sogar der aufdringliche Onkel keine Chance auf mehr als nur einen Begrüßungssatz hatte.

Das entsprach kaum ihrem bisherigen Vorgehen, in der Öffentlichkeit so wenig wie möglich miteinander zu tun zu haben. Lily fragte sich unwillkürlich, ob Mark sich wegen des alten Peters tatsächlich um sie sorgte.

Sie war gerührt.

Sie war auch immer noch gerührt, als sie mit ein paar anderen in ihrem Alter im Wintergarten saßen. Lily hatte eines ihrer Beine über die Lehne des Sofas gehängt, damit neben Mark auch noch Barbara und Tanya Platz darauf hatten. Sie dachte nicht besonders darüber nach, als Charlene hineinkam, mit Missbilligung die Platzverteilung begutachtete und laut sagte: „Barbara, deine kurzen Haare stehen dir großartig! Ich weiß nicht, warum du sie dir nicht eher abgeschnitten hast – es wirkt so chic!“

„Danke“, meinte Barbara verlegen.

Alle wussten, dass sie ihre Haare aufgrund eines Frisörunfalls hatte opfern müssen und sich noch gar nicht an den neuen Schnitt gewöhnt hatte. Doch Barbara kannte Charlene und ihre Seitenhiebe.

„Vielleicht solltest du deine auch abschneiden?“, setzte sie mit einem Augenaufschlag hinzu.

Charlene lachte gekünstelt.

„Oh, ich fürchte, mir stehen kurze Haare nicht“, sagte sie, ihre glänzende Pracht mit einer Bewegung zurückwerfend. „Aber bei dir, Lily, könnte es vielleicht eine Verbesserung werden.“

Ein abschätzender Blick traf sie. Lily weigerte sich, deswegen rot zu werden. Sie hatte schon öfter mit dem Gedanken gespielt, ihre langen, hellblonden Haare abzuschneiden, machten sie doch so viel Arbeit. Aber sie wusste, dass ihre Mutter es nicht gutheißen würde.

„Mama wäre wenig begeistert“, sagte sie.

Charlene lachte erneut auf; diesmal klang es in Lilys Ohren giftig,

„Ich weiß ja, dass deine Mutter gerne eine adrette kleine Prinzessin aus dir macht, Süße“, sagte sie herablassend. „Nur manchmal scheint sie blind zu sein. Bei deinen Beinen würde ich zum Beispiel darüber nachdenken, ob nicht längere Röcke angesagt wären.“

Jetzt hatte Lily verloren – sie wurde rot. Ihre Röcke gingen *immer* bis zum Knie, aber durch ihre Haltung war der Stoff weiter hinaufgerutscht und gab einen Teil ihres Oberschenkels frei. Sie wusste, dass ihre Beine keine Wettbewerbe gewinnen würden.

Musste Charlene, die perfekte Charlene mit ihrer graziösen Figur und ihrem perlenden Lachen, auch noch darauf herumreiten?

„Sei nicht so ein Biest, Charlene“, meinte ihre ältere Cousine Tanya. „Wenn du Boris suchst, ich glaube, er ist in den Garten zum Rauchen.“

„Boris ist mir gleichgültig“, sagte Charlene von oben herab und drehte sich weg.

Mark aber beugte sich zu der flammendroten Lily herüber und murmelte: „Ich mag deine Beine, alle beide. Wehe, du schneidest sie ab."

Sie konnte nicht anders, sie musste lachen.

Und als Charlene sich daraufhin noch einmal verblüfft umsah, schenkte sie ihr ein strahlendes Lächeln.

~

In dieser Nacht hatten sie keine bestimmte Fantasie, die ausgelebt wurde. Sie spielten einfach miteinander herum. Lily bat Mark, ihr bei der Optimierung ihrer Oraltechnik zu helfen, was er nur zu gerne tat. Die verschiedenen Positionen, die sie anschließend beim Sex versuchten, brachten sie auf die Idee, sich am Sonntagnachmittag Auszüge vom Kamasutra herunterzuladen und Mark einiges davon vorzuschlagen.

Er überraschte sie am Montag mit Gleitgel und ihrem ersten Sexspielzeug.

Lily besorgte sich ihren Termin beim Frauenarzt.

~

Als sie am Abend nach dem Termin die Tür zu ihrem Zimmer verschloss – eine reine Vorsichtsmaßnahme, ihre Mutter kam praktisch nie in ihr Zimmer – stand die Pillenpackung wie zufällig auf ihrem Nachtisch. Sie musste sie wegräumen, bevor die Putzfrau kam und eventuell petzen konnte, aber ihr fiel keine bessere Alternative ein, Mark von ihrem neuen Schutz in Kenntnis zu setzen.

Und er sah es auch, sobald er herüberkam, sich auf das Bett setzte und die Packung ungeniert in die Hand nahm. Er drehte sie ein paar Mal hin und her, bis Lily schon unruhig wurde. Dann traf sie ein nachdenklicher Blick.

„Ich glaube“, sagte er, „wir sollten mal einen Termin in der Beratungsstelle machen. Ich meine, wenn wir uns beide auf HIV und so testen lassen und negativ sind, können wir auf die Kondome verzichten. Oder hast du gerade noch andere Liebhaber als mich?“

Sie schüttelte den Kopf. Sie hatte nicht einmal einen Freund in Aussicht. Sie war zwar sehr sicher, weder HIV noch irgendetwas anderes zu haben, denn immerhin war bei jedem Geschlechtsverkehr bislang ein Kondom im Spiel gewesen, ohne irgendwelche Unfälle. Doch wenn Mark so einen Test für sie machen konnte, dann konnte sie das auch für ihn tun.

„Das sollten wir“, sagte sie mit trockenem Mund.

„Ich besorge uns Termine“, entschied er.

~

Zum Glück besorgte er ihnen Termine zur gleichen Zeit, so dass Lily nicht allein hinfahren mussten. Die Prozedur war recht simpel – ein Fragebogen, der ausgefüllt wurde, eine Blutabnahme, ein Gespräch. Sie absolvierten alles gemeinsam, und aufgrund ihrer unterschiedlichen Nachnamen wäre niemand auf die Idee gekommen, sie könnten im selben Haus mit denselben Eltern leben.

Am Tag, an dem sie die Ergebnisse bekamen – negativ beide, zum Glück – wünschte Mark sich die Missionarsstellung. Lily kam ihm mit Freuden nach.

Doch als er, völlig hingerissen von der neuen Reibung und Freiheit, sich erst langsam und genussvoll, dann heftig und wild in ihr bewegte, sein Gesicht ekstatisch über ihr, da begann sie sich plötzlich zu fragen, ob diese Reise, auf die sie sich so naiv begeben hatte, tatsächlich keinen von ihnen verletzen würde.

Sie empfand längst mehr als bloße Sympathie und Neugier, wenn sie ehrlich war.

~

Natürlich hütete sie sich, ihm ihre Erkenntnis mitzuteilen. Ihre Affäre spielte sich immer mehr zwischen ihnen ein. Für ihre Eltern gingen sie lediglich zusammenlaufen – worin Lily tatsächlich allmählich besser wurde – und verbrachten vielleicht etwas mehr Zeit miteinander als früher, mehr nicht.

Aber sobald die Lichter ausgingen und die Zimmertüren verschlossen waren, entdeckten sie sich gegenseitig, probierten aus, spielten miteinander, reizten und erregten sich. Mark verlangte eine erneute Vorführung von ihr und brachte sie sogar dazu, sich dabei einen Finger in den eigenen Po zu stecken, was sich wider Erwarten gut anfühlte und ihn schier um den Verstand brachte.

Sie verlangte ebenfalls eine Vorführung von ihm, wobei er erst kommen durfte, als sie es ihm erlaubte. Sie hatte kurz zuvor herausgefunden, dass er seinen Orgasmus aufhalten konnte, wenn er den Penis an der Wurzel zusammendrückte, und machte so ausgiebig Gebrauch davon, dass er androhte, ihr den Hintern zu versohlen. Er versuchte dies auch gleich im Anschluss, woraus allerdings eher eine kleine Keilerei wurde, die bestimmt aufgeflogen wäre, wenn sie nicht allein daheim gewesen wären.

Das war das andere Neue – mochte es an der biestigen Bemerkung von Charlene gelegen haben, oder der Tatsache, dass sie dringend Zeit allein suchten – Lily und Mark verbündeten sich und forderten von ihren Eltern, nicht mehr zu jeder Veranstaltungen mitgeschleift zu werden.

„Wir sind längst alt genug, um allein zuhause zu bleiben, und wir sind sogar zu zweit!“, argumentierte Mark.

„Alle anderen Kinder kommen auch mit!“, erwiderte Ben.

„Aber nicht immer“, entgegnete Lily vernünftig. „Charlene ist nur dabei, wenn es bei ihr zu Hause stattfindet. Tanya und Boris kommen kaum noch, und Barbara hat mir erzählt, dass sie zu keiner Vernissage mehr mitgeht, weil sie Kunst hasst.“

„Ich dachte, es gefällt dir, Lily“, meinte ihre Mutter vorwurfsvoll.

Es gefiel eher ihrer Mutter, ihre Tochter ständig unter Kontrolle zu haben, dachte Lily bei sich, aber das sagte sie nicht.

„Früher vielleicht“, antwortete sie ausweichend, obwohl sie sich an keine Zeit erinnern konnte, wo sie die Partys gemocht hatte, „jetzt bin ich fast erwachsen. Ich möchte mehr mit Leuten meines Alters unternehmen!“

„Darüber reden wir noch!“, fauchte die Mutter.

Aber immerhin – sie errangen einen Teilsieg und durften von nun an die Mehrzahl der Abende daheim verbringen. Es war ihnen strengstens untersagt, mehr als nur zwei Freunde und diese auch nur desselben Geschlechtes zu sich einzuladen, und es war ihnen ebenfalls strengstens untersagt, ohne vorherige Rücksprache das Haus zu verlassen.

Lily dachte bei sich, dass, wenn Mark eine Freundin heimbringen wollte, sie diese ja nur als die ihre hätte ausgeben müssen. Aber so weit dachten ihre Eltern offenbar nicht, sondern schienen zu glauben, dass sie sich eher gegenseitig bewachen würden. Die ersten Abende kamen sie weit vor der Zeit nach Hause, doch alles, was sie vorfanden, waren ihre eigenen Kinder in ihren abgeschlossenen Schlafzimmern.

„Seit wann schließt du ab, Lily?“, fragte ihre Mutter verwirrt.

„Seitdem ich hier wohne“, antwortete Lily nicht ganz wahrheitsgemäß. „Ist es ein Problem?“

„Nein, nein, natürlich nicht“, murmelte die Mutter und warf einen argwöhnischen Blick auf Ben und Mark, den Ben ungläubig und Mark unschuldig erwiderte.

Keinem ihrer Eltern schien einzufallen, dass sie sich ein Bad teilten und darüber eine Verbindung ihrer Räume bestand.

Aber nachdem die Eltern weder wilde Partys noch Orgien entdeckt hatten, schienen sie sich damit abzufinden, ihre Kinder allein zu lassen. Und Mark und Lily genossen die Möglichkeit, auch mal laut zu sein, anderes auszuprobieren – wobei sie jedoch immer darauf achteten, in ihren verschlossenen Zimmern zu bleiben, oder genauer gesagt, in Lilys, denn das ging zur Straße heraus und sie konnten das Auto die Auffahrt heraufrollen hören, wenn die Eltern heimkamen.

~

Zwei, drei Monate ging so alles gut. Dann kam es zum Streit zwischen Ben und Mark.

Der Auslöser war, wenig verwunderlich, Marks Mutter, die eines Tages einfach so hereingeschneit kam und ihren Sohn für den Nachmittag entführte. Dies war schon einmal vorgekommen, und Lily kannte Elaine, die schillernde, verantwortungslose Elaine, die Mark mit einer Mischung aus Verzweiflung, Hass und Faszination liebte. Das letzte Mal hatte Ben Elaine wütend hinterher telefoniert und seinen damals gerade siebzehnjährigen Sohn – ja, es war an Lilys Geburtstag gewesen, Elaine hatte sich um einen Tag vertan – aus irgendeinem Hotel abgeholt, von wo aus Elaine ihn zu einem Kurzurlaub mitnehmen wollte.

„Es macht doch nicht, wenn er ein paar Tage fehlt, es ist so ein guter Schüler!“, hatte sie gegurrt.

„Er hat nicht nur Schule, sondern auch Training, und wir waren uns übereingekommen, dass du ihn hier besuchen kannst, aber nicht mehr mitnimmst!“, hatte Ben sie angeblafft.

Es war das einzige Mal gewesen, dass der sonst so gelassene und charmante Ben ausfallend geworden war. Lily konnte sich nur zu gut vorstellen, wie turbulent die Ehe zwischen ihm und Elaine abgelaufen war. Sie war beinahe dankbar, dass ihr Vater verschwunden war und ihr damit die Art von Streit erspart hatte, die Marks Kindheit geprägt haben musste.

Deshalb war es nicht verwunderlich, dass Ben, als Mark zum Abendessen noch nicht wieder in Sicht war und keine Nachricht kam, die Nerven verlor. Er rief seine Ex-Frau an und hatte einen kurzen, aber extrem unschönen Streit mit ihr am Telefon.

„Nein!“, schnauzte er. „Du nimmst ihn nicht mit nach Italien, hast du mich gehört? Ich habe das alleinige Sorgerecht, und noch ist er nicht volljährig! Muss ich dich daran erinnern, warum der Richter ihn mir zugesprochen hat? Nein, Elaine! Wo bist du? Das wagst du nicht! Ich komme!“

Er verschwand wutschnaubend und tauchte eine halbe Stunde später mit seinem Sohn wieder auf, wobei ziemlich eindeutig war, dass die beiden im Auto den Streit weitergeführt hatten.

„Deine Mutter“, knurrte Ben, „ist eine egomanische, unzuverlässige, rücksichtslose Idiotin!“

„Meine Mutter“, fauchte Mark zurück, „wollte mir nur eine Freude machen! Du übertreibst! Deshalb provoziert sie dich! Sie hatte doch nie vor ...“

„Natürlich hatte sie es vor!“, schnitt ihm Ben das Wort ab. „Sie hätte dich wieder in dieses Haus in der Toskana geschleppt, sich einen Tag mit dir beschäftigt und dann das Interesse an dir verloren, wie schon so oft! Und wer weiß, in wessen Fängen du diesmal gelandet wärst, bevor ich

Wind davon bekommen hätte! Muss ich dich an Simone erinnern?“

Mark wurde dunkelrot.

„Simone hat mir nichts getan“, zischte er.

„Simone war vierunddreißig!“, brüllte Ben. „Und du vierzehn! Wenn sie sich nicht nach Argentinien abgesetzt hätte, hätte ich sie vor den Richter gezerrt! Sie hatte eine wochenlange Affäre mit dir, direkt unter der Nase deiner ignoranten, selbstverliebten Mutter – und ich soll dich Elaine noch einmal anvertrauen? Dagegen ist doch ... dagegen ist doch das, was Lily zugestoßen ist, völlig harmlos!“

„Ich habe aber nicht geblutet!“, schrie Mark und verließ türenknallend das Zimmer.

Ben sah ihm nach, und ließ sich auf einen Sessel fallen, das Gesicht in den Händen vergraben.

„Er hat *geblutet*, natürlich“, flüsterte er. „Er war doch noch ein Kind, Eva. Er hat es nicht gezeigt, aber er war noch ein Kind, und diese Frau hat einfach ihre Neigungen an ihm ausgelebt. Und als ich dahinterkam, hat sie ihn fallengelassen und ist geflohen. Weißt du, wie lange ich brauchte, bis Mark wieder sprach? Ich kann Elaine nicht vertrauen, nicht mit ihm, nie wieder ...“

Lily huschte auf leisen Sohlen aus dem Raum.

Jetzt verstand sie, warum ein Siebzehnjähriger so viel Erfahrung besaß, warum er so gut darin war, sie zu befriedigen, warum er ihren Körper manchmal besser verstand als sie selbst.

Vielleicht hätte sie ähnliches erlebt, wäre ihr Jungfernhäutchen kooperativer gewesen. Sie wusste nicht, ob sie Mitleid mit Mark haben sollte, aber sie konnte nachvollziehen, wie es war, wenn eine solche Sache immer und immer wieder hervorgezerrt wurde.

Was konnte sie tun, um ihn auf andere Gedanken zu bringen? Bei dieser Frau war er der Schüler gewesen, bei ihr zu Beginn der Lehrer. Würde es ihm helfen, ihn dran zu erinnern? Oder sollte sie ihn einfach in Ruhe lassen?

Sie war sich nicht ganz sicher, und so testete sie vorsichtig, als sie die Treppe hinaufkam, seine Zimmertür. Abgesperrt, was nicht verwunderlich war. Sie betrat ihr eigenes Zimmer, schloss ihre Tür und huschte ins Bad.

Hier stand Marks Tür offen, sperrangelweit. Er lag auf seinem Bett, den Kopf in den Kissen vergraben. Als er sie hörte, hob er den Kopf. Seine Augen waren rot.

Sie kam behutsam näher.

„Was du willst“, sagte sie leise, „soll geschehen. Wenn ich dich in Ruhe lassen soll, gehe ich. Wenn du verrückte Dinge mit mir anstelle willst, bin ich ganz dein. Wenn ...“

Er streckt eine Hand nach ihr aus.

„Komm einfach her und halt mich fest“, murmelte er.

Sie war unsagbar froh, das zu hören, überwand rasch die Distanz, legte sich neben ihn und zog seinen Kopf an ihre Brust. Eine ganze Weile lag er da, ohne sich zu rühren, und sie hätte nichts dagegen gehabt, bis zum Morgengrauen so zu bleiben, bis er anfing zu sprechen.

„Sie war so schön“, flüsterte er, „und so geheimnisvoll. Sie sah nicht aus, wie ich mir eine Frau Mitte Dreißig vorgestellt hatte. Mir war ihr Alter egal. Ich schätze, ihr war meines nicht egal. Ich war so dankbar und so fassungslos, dass sie mich wollte. Ich hätte ihr alles gegeben, alles für sie getan. Und ja, ich weiß, dass dies kein gesundes Verhältnis war. Ich nicht mehr vierzehn und bis über beide Ohren in eine zwanzig Jahre ältere Frau verschossen. Aber kann er mich nicht endlich einmal damit in Ruhe lassen?“

„So wie meine Mutter mich mit dem Referendar?“, rutschte es Lily heraus.

Mark stieß ein bitteres kleines Lachen aus.

„Ja, du verstehst das“, meinte er nachdenklich. „Obwohl, ehrlich, ich hatte nur gute Erfahrungen. Sie hat mir nicht einmal wehgetan. Sie hat mir so viel beigebracht, so viel gezeigt. Bist du böse, wo du jetzt weißt, woher ich all diese Dinge kenne?“

„Wie kann ich böse sein, wenn ich so davon profitiert habe?“, erwiderte sie. „Aber ich bin nicht deiner Meinung. Sie hat dir wehgetan, und wahrscheinlich viel mehr als der Referendar mir. Du hast sie geliebt.“

„Du hast den Typen doch ebenso geliebt.“

„Ich war einsam. Und verschossen.“

„Ja. Ich vermute, das war ich auch“, sagte er seufzend. Er setzte sich auf, wischte sich über das Gesicht und betrachtete sie.

„Hat dieser Referendar eigentlich einen Namen?“, fragte er plötzlich. „Eva und du, ihr nennt ihn immer nur so. Du wirst ihn doch anders gerufen haben, als du ihn kanntest."

„Ja, doch", antwortete sie zögerlich. „Es scheint nur einfach, seinen Namen nicht mehr auszusprechen. Es schafft mehr ... Distanz, vermute ich. Aber vielleicht ist es an der Zeit, auch dieses Tabu zu brechen."

Sie holte tief Luft.

„Er hieß Horst", gestand sie.

Mark hob die Augenbrauen.

„Das ist nicht gerade der Name eines Romantikers", meinte er verächtlich.

Sie musste kichern.

„Ja", gab sie zu, „und deshalb bevorzugte er auch seinen Nachnamen. Der war nämlich Heinrich."

Mark prustete heraus.

„*Horst Heinrich*?", fragte er. „Ist das dein Ernst?"

„Heinrich ist ein guter, alter deutscher Name", lachte sie. „Heinrich Böll, Heinrich von Kleist ..." Sie brach mit einem Quietschen ab, als er begann, sie zu kitzeln.

„Heinrich ist kein schöner Name", bestimmte er, „genauso wenig wie Horst. Hiermit erkläre ich die Geister der Vergangenheit für ausgetrieben, ob sie nun Horst", er musste sich das Grinsen verbeißen, „oder Simone hießen! Sie sollen nie wieder genannt werden!"

„Amen!", lachte Lily.

Sie streckten sich nebeneinander aus, zufrieden an die Decke schauend, ruhig. Plötzlich drehte er seinen Kopf ein wenig, so dass er an ihrer Schulter zu liegen kam.

„Lily“, flüsterte er, „vielleicht habe ich doch einen Wunsch.“

Sie rührte sich nicht, streichelte nur einmal sanft durch seine Haare.

„Was du willst“, antwortete sie genauso leise.

„Ich wünsche mir ...“ Er räusperte sich. „Als du eben kamst, hast du mir angeboten, ich könne mit dir tun, was ich will.“

„Ja?“

„Mach es genau andersherum. Ich wünsche mir ... tu du mit mir, was du willst. Ganz egal was.“

Sie schwieg. Es war eindeutig, dass er für einen Abend die Verantwortung abgeben wollte, die sie sich sonst teilten, dass er vermutlich wieder zurück wollte zu dem Vierzehnjährigen, dem eine Frau namens Simone das Herz gebrochen hatte. Sie wusste nicht, ob sie es gut fand, aber sie hatte es ihm versprochen.

Also sagte sie ja.

~

An diesem Abend wurde es allerdings nichts. Kurz darauf klopfte Ben gegen die Tür und beharrte darauf, eingelassen zu werden. Lily huschte lautlos über das Bad in ihr Zimmer, Marks Tür hinter sich schließend. Ben bestand darauf, dass sein Sohn herunterkam, dass er noch etwas aß, sie im Wohnzimmer miteinander sprachen und einen Film zusammen ansahen. Es schien, als wolle er ihm beweisen, wie sehr er sich kümmerte, und vielleicht tat Mark dies sogar ganz gut.

Und Lily hatte mehr Zeit, sich zu überlegen, was *sie* denn mit Mark machen konnte, was er sich wünschte, was ihm helfen würde, und was sie vielleicht noch ausprobieren wollte.

Von Beginn ihrer Affäre an hatte sie im Netz recherchiert, um mit seinen Ideen Schritt zu halten, um aufregende und neue Dinge zu finden, und dies tat sie diesmal auch. Zum Glück war der nächste Tag ein Freitag, an dem sie ungestört ein paar Einkäufe tätigen konnte.

An diesem Abend fand eine Premiere statt, zu der sie versprochen hatten zu kommen, und so verbrachte Lily die wenige verbleibende Zeit damit, sich mehr als gewohnt aufzudonnern. Sie hatte sich diesmal ein langes Kleid ausgesucht, nicht nur, weil sie wusste, dass Charlene da sein würde, sondern auch, weil sie fand, dass sie in den kurzen Kleidern nicht erwachsen genug aussah. Sie machte sich sogar die Mühe, ihr Haar aufzustecken, und legte mehr Make-up auf als sonst.

Dies hatte zur Folge, dass ihre Mutter sie fast wieder nach oben geschickt hätte, als sie die Treppe hinunterkam, wäre Mark nicht sofort vorgetreten, hätte sie bewundert angesehen und gesagt: „Du siehst atemberaubend aus, Lily!“

Ben, der es sich mit seinem Sohn nicht verderben wollte, hatte eifrig genickt, und die Mutter geschwiegen.

Und Lily mochte ihr Kleid. Sie mochte den langen, seidig schimmernden dunkelgrünen Stoff, der ihre Figur schmeichelhaft umspielte und einen aufreizenden Kontrast zu ihren hellen Haaren bildete. Sie mochte es, dass Mark ihr den Arm bot, als sie am Theater ankamen, und sie war auch ziemlich sicher, dass die Eltern sein höfliches Verhalten und ihre elegante Akzeptanz zu schätzen wussten. Als sie Charlene in ihrem kleinen Schwarzen entdeckte, warf sie ihr nur ein hoheitsvolles Lächeln zu. Langsam aber sie sicher glitt sie in die Rolle der selbstsicheren, kontrollierten Frau, die sie an diesem Abend zu spielen gedachte.

Mark liebte es, sie sah es an seinen Augen. Er schien zu spüren, dass das Vorspiel bereits begonnen hatte. Er ließ sie nicht aus den Augen, stellte sicher, dass sie bei der anschließenden Feier immer mit Getränken versorgt war, und hielt ihr alle lästigen Verehrer vom Hals, ohne zu aufdringlich zu sein. Sie dankte ihm stets mit einem kleinen Kopfnicken und einem Lächeln, und seine Augen funkelten.

„Lily wird erwachsen“, murmelte ihre Mutter.

„Und Mark auch“, seufzte Ben.

Lily hätte am liebsten die Augen verdreht. In weniger als einem halben Jahr würde sie volljährig werden. Was dachten die beiden sich denn nur? Dieses Jahr würde sie die Schule abschließen. Natürlich war sie kein Kind mehr!

Aber wie sehr sie sich in den letzten Monaten entwickelt hatte, das überraschte sie sogar selbst ein bisschen. Charlenes Giftspritzerei perlte an diesem Abend an ihr ab, der alte Peters schien sich ein neues, halbgares Hühnchen zum Opfer gesucht zu haben, und junge Männer Anfang zwanzig, die sie bislang immer links liegen gelassen hatten, schienen auf einmal von ihr fasziniert. Sie machte mehr höfliche Konversation als auf allen Festen zuvor, lachte freundlich, flirtete ein wenig, und wenn ihr einer zu nahe kam, legte sie immer wie rein zufällig ihre Hand auf Marks Arm und bat ihn um etwas, was den neuen Verehrer zur Seite beförderte.

Sie tanzte nicht. Sie wollte nicht stolpern und ihr sorgfältig konstruiertes Bild zerstören. Aber sie fand die Gelegenheit, Mark in eine Kammer zu ziehen, dunkel und ungestört.

„Was?“, machte er, halb atemlos, halb amüsiert.

Lily raffte ihren Rock und stellte ihren Fuß in seiner schicken Sandalette auf eine Kiste. Von einer anderen riss sie ein Tuch, das sie auf den staubigen Boden vor sich warf.

„Mach’s mir“, forderte sie. „Mit dem Mund. Einmal. Ich kann nicht warten, bis wir zu Hause sind.“

Das hatte sie noch nie von ihm verlangt. Er, ja, er hatte sie auf einer Party schon beiseitegedrängt und berührt, mehr als einmal. Aber dies?

Sie sah seine Augen aufleuchten, als er auf die Knie fiel.

Lily stellte schnell fest, dass sie die Rolle der dominanten Frau genoss. Sie kam rasch und heftig, stellte, sobald sie konnte, ihren Fuß wieder auf den Boden und ordnete ihr Kleid, bevor sie einen prüfenden Blick auf ihn warf. Marks Knie waren dank des Tuches nicht schmutzig, aber wie stets war die Stoffhose keine Hilfe beim Verbergen seiner Erektion.

„Hm“, machte sie. „Du wartest besser noch einen Moment hier drinnen, bevor du herauskommst. Ich will dich in fünf Minuten an meiner Seite sehen.“

Damit machte sie ihm klar, dass er sich mitnichten Erleichterung verschaffen, sondern sich beruhigen sollte – zumindest hoffte sie das.

Mark grinste und nickte.

„Wie du wünschst, Prinzessin“, sagte er.

Sie lächelte und verließ den Raum.

Fünf Minuten später war er neben ihr, ruhig und gesammelt, und sie wusste nicht, was er getan hatte.

Aber wenn sie in seine Augen sah, dann wusste sie, was er *erwartete*.

~

Der Abend wurde spät, später als erwartet, was vielleicht auch an Lilys plötzlicher Popularität lag. Es war weit nach Mitternacht, als sie endlich den Heimweg antraten, und sie war ein wenig erschöpft. So war es nicht verwunderlich, dass sie auf der Rückbank einschlief, den Kopf an Marks Schulter gelehnt. Und vielleicht war es ebenso wenig erstaunlich, dass sie, als sie ausstieg, in ihrer Schlaftrunkenheit stolperte und sich den Fuß umknickte.

„Au!“, jammerte sie erschrocken.

Mark war sofort an ihrer Seite, wie auch ihre Mutter.

„Was ist geschehen?“, rief sie.

„Ich bin nur umgeknickt, nichts weiter“, antwortete Lily verlegen.

Sie hatte ins Haus schweben wollen, würdevoll in ihr Zimmer, bevor sie Mark in seinem mit ihren Einkäufen überraschte. Stattdessen musste sie sich damit abfinden, dass er sie kurzerhand die Treppe hochtrug – diesmal zumindest richtig – und ihre Mutter an ihr herumfuhrwerkte, die Sandaletten abband und sich über unvernünftiges Schuhwerk bei einem jungen Mädchen aufregte.

Lily warf nur einen bezeichnenden Blick auf ihre eigenen High Heels.

Mark ging ins Bad und brachte einen kalten Waschlappen, den die Mutter sofort um den Knöchel wickelte, obwohl dieser nicht einmal richtig anschwoll.

„Genug jetzt“, bestimmte Lily energisch, „geh, Mama, ich habe mir nichts gebrochen. Ich bin müde und will schlafen. Es tut überhaupt nicht mehr weh – wahrscheinlich ist gar nichts passiert. Geht, alle beide! Und du, Mark, nimm dieses Ding mit! Ich brauche es nicht!“

Sie pflückte den kalten Lappen von ihrem völlig normal ausschauenden Fuß und warf beiden einen strengen Blick zu.

Und sie hatte Erfolg. Ihre Mutter zog sich seufzend aus dem Zimmer zurück, die Tür einen Spalt offenlassend; Mark verschwand mit dem Lappen im Bad. Kaum, dass sie weg waren, hüpfte Lily aus dem Bett und verschloss ihre Zimmertür. Es pochte vielleicht ein wenig in ihrem Knöchel, aber schlimm war es bestimmt nicht.

Sie holte tief Luft. Etwas irritierte sie, ohne dass sie es identifizieren konnte. Im Bad brannte noch das Licht, das Mark dort angelassen hatte. Ansonsten war sie allein.

Also, ans Werk. Sie streifte rasch das schöne Kleid ab. Es musste nicht zerknittert werden, und was sie drunter trug – und wovon Mark seit der Kammer wusste – war sowieso viel angebrachter. Auf die Schuhe verzichtete sie notgedrungen, aber sie holte sich die unauffällige Tasche mit ihren restlichen Utensilien. Was sie sonst noch brauchte, bewahrte Mark in seinem Zimmer auf.

Sie löschte das Licht im Bad, als sie hindurchtrat. Der Mond schien hell durch Marks Fenster, silbrig und völlig ausreichend.

Er hatte sich bis auf die Shorts ausgezogen, wie immer, und lag auf dem Bett. Er stand nicht auf, als sie kam, aber sein Kopf drehte sich ihr zu.

Sie lächelte.

Er lächelte zurück.

„Die“, sagte sie und wies auf seine Unterhosen, „müssen weg. Und zwar jetzt.“

Mark beeilte sich, ihrer Aufforderung Folge zu leisten und streckte sich wieder aus. Er war erregt, sie sah es. Sie ließ sich mit ihrer Tasche auf der Bettkante nieder.

„Das Massageöl“, fragte sie. „Wo ist es?“

Er räusperte sich.

„In der Kiste hinten im Schrank“, sagte er, „linke Tür.“

Sie fand besagte Kiste und brachte gleich den ganzen Inhalt mit. Sah mal einer an, da waren ja noch Dinge drin, die sie nicht kannte! Anscheinend hatten sie ähnliche

Ideen gehabt. Sie hob die Augenbrauen, und er schaute zurück, ohne zu erröten. Allerdings ging sein Atem schneller.

Sie öffnete ihre Tasche und leerte den Inhalt – ein ganzer Haufen Seidenschals – vor seinen Augen in die Kiste.

„Mark“, fragte sie sanft, „vertraust du mir?“

Sie sah ihn schlucken, und dann nicken. Sie lächelte.

„Dreh dich auf den Bauch“, befahl sie, „und streck deine Arme aus.“

Sie war sich nicht sicher, ob er wirklich das im Sinn gehabt hatte, als er sie gebeten hatte, mit ihm zu tun, was sie wollte. Aber sie hatte eines gelernt in den vergangenen Monaten – wenn sie Mark wirklich dazu bringen wollte, nicht irgendwann seiner Erregung nachzugeben und stattdessen bis zum Ende stillzuhalten, musste sie ihn fesseln.

Und dies tat sie, sobald er sich auf dem Bauch ausgestreckt und die Arme nach oben gelegt hatte. Sein Bett hatte metallene Streben und eignete sich von daher viel besser für so etwas als ihr Eigenes. Sie band seine Arme jedoch nicht links und rechts fest, wie er es vielleicht erwartet hatte, sondern in der Mitte, über seinem Kopf. Sie hatte dies extra recherchiert.

Dann schnappte sie sich die Massageölflasche und ließ sich auf seinem Hinterteil nieder.

„Lily“, sagte Mark, sehr erregt, „verbinde mir nicht die Augen, ja? Ich möchte dich sehen. Bitte.“

Sie biss sich auf die Lippen. Daran hatte sie gar nicht gedacht. Er schien ihr Zögern falsch zu verstehen.

„Bitte“, wiederholte er. „Ich möchte es so gerne sehen.“

Sie beugte sich spontan vor und drückte einen Kuss auf seine bloße Schulter.

„Also gut“, sagte sie. „Entspann dich. Das ist ein Befehl.“

Sie musste kichern, und er lachte leise mit. Aber dann ließ sie das Öl auf seinen Rücken tropfen und begann, es langsam und methodisch einzuarbeiten. Sie war fasziniert von seinem Rücken, und er wusste das – die kräftigen Schultern, die definierten Muskeln, die kleine Grube am unteren Ende, und dann der Übergang zu diesem wundervollen Gesäß. Sie rutschte hinunter auf seine Oberschenkel und begann, seinen Po zu massieren. Er seufzte, und sie widmete beiden Hälften ausreichend Zeit, und ausreichend Öl. Als sie begann, dies auch dazwischen zu verstreichen, wurde er langsam unruhig.

Sie hatte sich ausgiebig informiert, und sie hatte ihm vertraut. Jetzt war es an der Zeit, dass er dasselbe tat. Sie holte kurz Luft und tippte gegen den Muskelring zwischen seinen Pobacken.

„Lass mich rein“, flüsterte sie und begann, Druck auszuüben.

Erst spannte sich sein ganzer Körper an, wie im Schock, doch sie ließ nicht nach. Dann keuchte er auf und gab nach, so wie er es ihr selbst beigebracht hatte. Ihr Finger glitt hinein, ein Zittern lief über ihn. Sie hielt für einen Moment still, bevor sie begann, nach dieser Erhebung zu suchen, von der sie gelesen hatte. Sie bewegte ihre Finger sanft und rhythmisch, immer tiefer gelangend, bis die Muskeln mehr und mehr nachgaben. Als sie den zweiten nachschob, stöhnte er und presste das Gesicht in die Kissen.

Und dann, dann hatte sie Erfolg. Ihre Fingerspitze glitt über die gesuchte Stelle.

Mark gab einen heftigen Laut von sich und biss ins Kissen. Sie legte ihre freie Hand auf seinen Nacken, hielt seinen Kopf sanft, aber nachdrucksvoll und konzentrierte sich ganz darauf, immer wieder über diese Stelle zu reiben, von der sie mittlerweile sicher war, dass es sich um die gesuchte Prostata handelte. Er wurde immer unruhiger unter ihr, seine Hüften begannen sich zu bewegen.

Schließlich kam sein Kopf hoch, gegen ihren Druck.

„Lily! Bitte!“, stammelte er.

Sie war so stolz wie nach ihrem ersten erfolgreichen Blowjob. Schnell zog sie ihre Finger heraus, wischte sie und das überschüssige Öl ab und rutschte von seinen Beinen.

„Dreh dich um“, wisperte sie.

Jetzt zeigte sich, wie klug ihre Fesselung gewesen war. Mark konnte sich auf den Rücken drehen, ohne die Arme auszukugeln – die Seidentücher wickelten sich einfach einmal umeinander. Bevor er etwas tun konnte, hatte sie sich zwei weitere geschnappt und seine Knöchel an den Bettpfosten gebunden. Seine Augen weiteten sich.

„Oh – mein – Gott“, stöhnte er.

Sie hatte beinahe ein bisschen Mitleid mit ihm. Sein Glied war so prall gefüllt, dass es glänzte und steif zum Himmel ragte. Es zuckte, während sie es ansah.

„Lily“, keuchte Mark.

„Still“, sagte sie streng. „Oder muss ich dir den Mund verbinden?“

Er öffnete und schloss die Lippen. Sie lächelte ihn an, griff sich eine Feder aus dem Spielkasten und meinte langsam: „Dies wäre vermutlich spaßiger, wenn du nichts sehen könntest.“

„Oh“, widersprach er. „Es ist spaßig genug. Fass mich an, ja? Lily?“

„Ist es das, was ich will?“, fragte sie spielerisch und tippte mit der Spitze der Feder gegen ihre Lippen.

Mark leckte über seine.

Sie gab nach, ließ die Feder einmal seine ganze Länge entlangfahren, herum um die Basis, wieder hinauf zur Spitze. Seine Hüften schossen nach oben, und sie beglückwünschte sich insgeheim für ihre Voraussicht. Hätte sie ihn nicht gefesselt, würde er spätestens in diesem Moment über sie herfallen und das Spiel umdrehen.

„Wenn ich dich jetzt in den Mund nähme“, sagte sie gedankenverloren, „würdest du dann kommen?“

„Mit ziemlicher Sicherheit“, keuchte er. „Eigentlich ist es ganz egal, was du machst, ich werde so oder so kommen.“

„Meinst du?“, fragte sie, griff in die Kiste und suchte, bis sie fand, was er – wohlweislich er! – gekauft und bislang noch nicht aufgepackt hatte.

Sie hob das plastikverschweißte Spielzeug heraus.

„Ist es das, was ich denke?“, fragte sie kokett.

Seine Augen weiteten sich, und er sagte nichts, als sie grinste, die Verpackung mit den Zähnen aufriss. Sie hatte mit sich gerungen, ob sie es wagte, einen Butt-Plug zu kaufen, und sich dann nicht getraut. Gut so, denn sie hatten ja schon einen – wobei er beim Kauf bestimmt nicht daran gedacht hatte, als erster in den Genuss zu kommen, wenn überhaupt.

„Lily“, flüsterte Mark.

Sie lächelte ihn an, öffnete die Gleitcreme und verteilte eine Portion darauf.

„Rutsch herunter“, sagte sie. „Dann hast du genug Spielraum, um deine Knie anzuwinkeln. Komm schon, Mark. Es hat dir gefallen. Und du hast gesagt, ich darf tun, was ich will.“

Er zögerte, die Augen immer noch geweitet.

„Komm schon“, flüsterte sie. „Dann bekommst du auch *alles*.“

Und plötzlich, plötzlich war er hinuntergerutscht, winkelte die Knie ein wenig an, so dass sich sein Becken hob und sie das Spielzeug ohne weitere Umstände an seinen Platz schieben konnte. Er keuchte heftig, und er hörte auch nicht auf, ohne etwas zu sagen, sein Blick fest auf sie geheftet, während sie rasch ihre Wäsche abstreifte, sich über ihn schwang und auf ihm niederließ. Seine Augen verdrehten sich, und sein Mund öffnete sich, aber sie presste rasch eine Hand darauf, bevor er losbrüllen konnte.

„Still, Liebling“, murmelte sie. „Sie dürfen dich nicht hören. Ist es gut so? Ist es gut? Sag mir, was du willst.“

Er konnte nichts sagen, mit ihrer Hand auf seinen Lippen und einem unterdrücken Schrei in den Kehle, aber seine Hüften entwickelten ein Eigenleben, stießen in sie, zogen sich zurück, kamen wieder, und dann lief Schauder um Schauder über ihn, sein ganzer Körper spannte sich an und sein Kopf flog so wild von links nach rechts, dass sie auf ihn fiel und zu ihrer eigenen Überraschung allein durch seine leidenschaftliche Reaktion kam.

Sie konnte sein Herz spüren. Es schlug so heftig, so hart und schnell, dass sie es an ihrer eigenen Brust fühlte.

„Lily“, flüsterte er. „Oh, süße Lily.“

Sie gestattete sich ein befriedigtes Lächeln.

Offenbar hatte sie ihre Sache gut gemacht. So, wie er das so oft tat, drückte sie einen zarten Kuss auf seinen Mundwinkel, bevor sie sich aufrichtete und begann, ihn loszubinden. Den einen Knöchel übernahm er dann selbst; den Plug zu entfernen, ließ sie sich aber nicht nehmen.

Mark starrte das Ding in ihrer Hand an und schüttelte den Kopf.

„Niemals hätte ich gedacht ...“, murmelte er.

„Dass es dir auch gefallen würde?“

„Oh, das schon“, überraschte er sie. „Es soll Männern *und* Frauen gefallen. Ich hätte nur nicht gedacht, wie sehr.“

Er lächelte sie an, während er seine Gelenke massierte. Sie bemerkte mit Bestürzung, dass diese sich rot verfärbt hatten.

„Ich wasch das Ding eben ab“, murmelte sie und verschwand im Bad.

„Komm wieder!“, rief er ihr nach.

Im Bad starrte Lily einen Moment in den Spiegel. Aus ihrer feinen Aufsteckfrisur hatten sich wilde Locken gelöst, ihr Make-up war leicht verschmiert und sie sah tatsächlich ein wenig so aus, wie sie sich eine Domina vorstellen würde. Sie dachte an all die anderen Sachen, die sie bei ihrer Recherche gefunden hatte, aber sie wusste, es musste noch viel geschehen, bevor sie Mark schlagen oder sich von ihm schlagen lassen würde.

Aber vielleicht musste sie ja auch nicht *jede* Spielart ausprobieren, die es so gab.

„Lily?“ Mark erschien hinter ihr im Spiegel. „Kommst du zurück?“

Sie drehte sich zu ihm um, den Plug im Waschbecken zurücklassend.

„Tut es dir weh?“, fragte sie, urplötzlich angsterfüllt.

Als Antwort zog er sie an sich und gab ihr einen Kuss – keinen heißen Zungen-Sex-Kuss, sondern einen sanften, süßen, liebevollen. Er lehnte sich zurück und schaute sie an.

„Du bist unglaublich“, meinte er. „Komm zurück ins Bett. Nach allem, durch was du mich heute geschickt hast, habe ich das Bedürfnis, dich einfach nur ein wenig in meinen Armen zu halten. Ganz altmodisch. Einverstanden?“

Sie war einverstanden. Sie schoben die Spielzeugkiste zurück in den Schrank, kletterten unter die Decke, und Mark zog sie dicht an sich.

Sie kuschelte sich an seine Brust und seufzte.

„Hat es dir gefallen?“, murmelte sie.

Sie spürte die Vibrationen unter ihrer Wange, als er leise lachte.

„Hast du das etwa nicht gemerkt?“, meinte er amüsiert. „Ich dachte, ich sterbe vor Lust. So heftig bin ich noch nie gekommen. Du kleine Teufelin, du. Ich werde dich nie wieder unterschätzen. Du bist nicht süß und unschuldig, Prinzessin.“

Sie lächelte und war schon halb eingeschlafen, als er leise hinzusetzte: „Du bist das Beste, was mir je passiert ist.“

Vielleicht hatte sie dies aber auch nur geträumt. Es wäre zumindest noch *ein* schöner Traum gewesen, bevor der Alptraum begann.

~

„Lily?“, hörte sie, während sie langsam aus dem Tiefschlaf empordriftete. „Lily? Mach doch bitte die Tür auf! Dein Knöchel ...“

Neben ihr brummte etwas, und ein warmer Arm zog sie dichter heran. Oh, ja, richtig, sie lag gar nicht in ihrem Bett, in ihrem Zimmer, gegen dessen Tür ihre Mutter zu klopfen schien. Sie war bei Mark eingeschlafen.

„Lily? Ich mache mir Sorgen! Hörst du mich?“

Gleich, gleich würde sie aufstehen, hinübergehen, oh, und sich etwas anziehen, gleich ...

„Mark? Darf ich dich stören? Ich kann Lily nicht wecken, und sie hat ihr Zimmer abgeschlossen. Ich mache mir Sorgen, und – *LILY!*“

Warum klang die Stimme ihrer Mutter plötzlich so nahe? Sie öffnete verschlafen ihre Augen.

„Lily!“, kreischte ihre Mutter. „Was machst du hier? Warum liegst du in seinem Bett? Und bist du etwa *nackt?*“

Letzteres hatte sie fast panisch ausgestoßen, weil Mark erschrocken hochgefahren war.

Mit einem Mal wusste Lily, was sie am Abend vorher irritiert hatte – er war durch das Bad in sein Zimmer gegangen, nicht durch die Tür zum Flur, die er anscheinend vergessen hatte abzuschließen! Weshalb ihre Mutter jetzt neben ihnen stand, neben ihr und Mark, nackt, in seinem Bett, an dessen Pfosten sogar noch die Seidenschals hingen!

Ihr Blick glitt entsetzt zu den Tüchern. Ihre Mutter folgte ihm, und ihre Stimme stieg um eine weitere Oktave.

„Mark Gelhen! HAST DU ETWA MEINE TOCHTER ANS BETT GEFESSELT?“, schrie sie los.

„Eva, verdammt!“, fauchte Mark, der sich hastig wieder bedeckte. „Nein, habe ich nicht! Hör auf zu brüllen! Was machst du hier?“

„Die Frage ist doch wohl eher, was sie hier macht! Und glaube ja nicht, dass ich nicht weiß, wozu man solche Schals ans Bett bindet ...“

„Was ist denn hier los?“, erklang Bens verblüffte Stimme von der Tür.

Na großartig. Lily zog rasch die Decke bis zum Kinn. Nun waren aber auch alle versammelt.

„Dein Sohn hat meine Tochter verführt!“, fauchte ihre Mutter.

„Das habe ich nicht!“, protestierte Mark wütend. „Na, nicht so! Nicht, wie du denkst! Verdammt, Eva!“

„Mark!“, schnauzte Ben. „Was hast du jetzt schon wieder angestellt?“

„Also, das ist unfair“, versuchte Lily zu sagen. „Es ist doch nicht allein seine Schuld ...“

„Du hast überhaupt nichts zu melden, Fräulein!“, fuhr ihre Mutter sie an. „Du verlässt augenblicklich das Bett und ziehst dich an!“

„Aber doch nicht, wenn Ben dasteht!“, rief Lily erschrocken, die Decke weiter umklammernd.

„Mark, du bist doch nicht etwa ...“ Mit einem Schritt war Ben heran, hatte den Arm seines Sohnes gepackt und diesen aus dem Bett gezerrt.

„Pa!“, fauchte Mark entsetzt, riss sich los und packte ein Kissen, um sich damit zumindest ein wenig zu schützen.

„Ich glaube, du brauchst dies“, sagte Lilys Mutter mit ätzender Stimme.

Lily schloss die Augen. Vom Zeigefinger ihrer Mutter baumelten tatsächlich Marks Shorts. Mit hochrotem Kopf entriss der ihr das Kleidungsstück und zog es sich hastig über.

„Wir sind fast achtzehn!“, zischte er. „So könnt ihr mit uns nicht umgehen!“

„Ihr seid Geschwister!“, kreischte Lilys Mutter.

„Jetzt sei aber nicht albern!“, schnauzte Mark.

„Genug!“, brüllte Ben. „Schluss jetzt! Du ziehst dich an und bist in zwei Minuten unten, mein Junge! Und du, Mädchen, verlässt das Bett meines Sohnes und machst genau dasselbe! Wenn ihr glaubt, ihr könnt uns auf der Nase herumtanzen, dann habt ihr euch geirrt. Na los! Raus jetzt!“

„Ben! So kannst du mit meiner Tochter ...“

„Sie ist doch kein Engel, Eva!“, fuhr Ben ihre Mutter an. „Keiner von ihnen ist das!“

Lily gab nach. Den Tränen nahe wickelte sie sich in die Decke und sauste durch das Bad hinüber in ihr Zimmer. Dort liefen die Tränen über, während sie sich hastig anzog. Sie hörte, wie das Geschrei drüben weiter ging, wie ihre Mutter die Treppen hinunterrannte, wie Mark ihr wütend folgte, und dann Ben.

Sie war versucht, sich einfach richtig einzuschließen, aber dann hätte sie Mark im Stich gelassen. Und das brachte sie noch weniger über sich.

~

Zwanzig Minuten später wurde nicht mehr ganz so laut geschrien, aber ansonsten hatte sich die Lage kaum verbessert. Mark und sie saßen nebeneinander auf dem Sofa im Wohnzimmer – darauf hatte er bestanden, hatte sie einfach neben sich gezogen und ihre Hand nicht mehr losgelassen

– während ihre Eltern wie Ankläger vor ihnen auf und ab marschierten.

„Das muss aufhören!“, fauchte Ben, der einen ganz roten Kopf bekommen hatte.

„Und wie?“, fragte Mark ironisch. „Willst du mich doch zu Mutter schicken?“

„Ihr Einfluss hat dich verdorben! Und jetzt hast du Evas Tochter mit reingezogen!“

„Mark hat nichts getan, was ich nicht wollte“, beharrte Lily, „gar nichts. Es beruhte von Anfang an auf Gegenseitigkeit!“

„Von Anfang an?“, zischte ihre Mutter. „Wann hat denn das begonnen, Fräulein?“

Lily und Mark tauschten einen Blick. Sie hob das Kinn.

„Vor etwa zwei Monaten“, sagte sie, „vielleicht auch drei.“

„*Wie bitte*?“, donnerten Ben und Eva gleichzeitig.

„Nun beruhigt euch doch“, knirschte Mark. „Wir sind siebzehn, nicht blutsverwandt, und vernünftig! Natürlich hat man in unserem Alter auch schon Sex!“

„Wenn sie schwanger ist ...“, drohte Lilys Mutter.

„Ich nehme die Pille“, warf Lily hastig ein.

„Und wir haben uns testen lassen!“, setzte Mark hinzu, ihre Hand drückend. „Vorher haben wir Kondome verwendet. Wir sind beide negativ getestet. Na. Das ist doch wohl der Inbegriff der Verantwortung, oder?“

„Verantwortung?“, tobte Lilys Mutter los. „Bloß, weil du einen Abend einmal wie eine junge Dame auftrittst, bist du noch lange nicht erwachsen, mein Kind!“

Was hatte Charlene einst gesagt? *Deine Mutter staffiert dich gerne wie eine kleine Prinzessin aus?* Die Betonung lag wohl auf *klein*. Lily durfte gar nicht erwachsen werden, weil dies bedeutete, dass ihre Mutter älter geworden war. Sie biss sich auf die Lippen.

„Das muss ein Ende haben!“, wiederholte Ben wütend.

„Und wen wollt ihr vor die Tür setzen?“, hielt Mark zornig dagegen. „Was ist eigentlich euer Problem? Wäre es euch lieber, Lily würde einen zweiten Horst Heinrich anschleppen, und ich eine zweite Simone? Oder dass wir mit irgendwelchen Leuten abhängen würden, die ihr gar nicht kennt, oder die nicht in euren feinen Zirkel passen? Solltet ihr nicht froh sein, dass wir einander gefunden haben?“

„Ich werde nicht zulassen, dass mein minderjähriger Sohn jede Nacht unter meinem Dach die minderjährige Tochter meiner Frau durchzieht!“, schnauzte Ben.

„Ben!“, sagte Lilys Mutter schockiert.

„Ist doch so!“, fauchte er. „Oder willst du etwa, dass die beiden da oben fröhlich weitermachen? Unsere Kinder, miteinander? Mit unserer Billigung?“

„In drei Monaten ist keiner von uns mehr minderjährig“, sagte Mark sarkastisch. „Ist es dann okay?“

Ben starrte ihn einen Moment lang an.

„Nein!“, explodierte er. „Es wird nie in Ordnung sein! Sie ist Evas Tochter, und sie ist für dich tabu!“

Jetzt platzte sogar Lily.

„Du kannst nicht bestimmen, mit wem ich schlafe!“, fuhr sie auf, mit Tränen in den Augen.

„Aber ich kann es!“, unterbrach sie ihre Mutter bebend. „*Noch* kann ich es! Und ab sofort ist das gemeinsame Bad gestrichen! Ich ziehe die Schlüssel ein! Ihr könnt das Gästebad nutzen, das geht nur zum Flur! Und wenn ich euch jemals wieder im Zimmer des anderen erwische, gibt es kein Taschengeld mehr, Hausarrest und kein Fernsehen! Und im schlimmsten Fall haben wir immer noch die Kammer im Keller!“

Die Kammer im Keller war einst ein Dienstmädchenzimmer gewesen, und in solchem Zustand befand es sich auch. Es gab vielleicht ein Bett und eine Toilette nebenan, aber lediglich ein Kellerfenster und keinerlei Bequemlichkeiten. Außerdem fürchtete sich Lily vor den Spinnen und den Ratten.

Sie wurde unwillkürlich blass.

Mark holte tief Luft.

„Ihr könnt uns nicht auf Dauer mit Gewalt voneinander fernhalten“, versuchte er es mit Vernunft. „Wir leben im selben Haus. Und ihr müsst es auch gar nicht. Wie gesagt, wir sind doch überhaupt nicht miteinander verwandt, und wir sind alt genug, fast volljährig ...“

„Du hast gehört, was Eva gesagt hat“, schnitt Ben ihm das Wort ab. „Hol deine Jacke. Du und ich, wir gehen in den Park. Ich brauche frische Luft, und du wirst dich daran gewöhnen, mich um dich zu haben!“

„Das ist albern!“, fuhr Mark auf. „So albern!“

„Dann geh auf dein Zimmer!“, herrschte ihn Lilys Mutter an, „und ich hole die Schlüssel ab!“

Mark hielt einen Moment inne, als ob er etwas sagen wollte, aber dann ließ er abrupt Lilys Hand los, fuhr hoch und rannte die Treppe hinauf. Ihre Mutter hob das Kinn und folgte ihm steif.

Lily zog ihre Knie an und schlang die Arme drum. Sie war wütend, und sie war schockiert und verletzt.

„Wir haben überhaupt nichts schlimmes getan", sagte sie bockig zu Ben. „Ihr übertreibt total!"

Ben starrte sie an.

„Nicht unter meinem Dach", wiederholte er mit einer Stimme aus Stein, und das war das Letzte, was er an diesem Tag zu ihr sagte.

~

Lily hätte nie gedacht, dass ihre Mutter und Ben so kreativ werden würden, wenn es darum ging, sie und Mark voneinander fernzuhalten.

Zunächst einmal kamen sie überein, dass Lily das Bad bekommen sollte und Mark mit dem Gästebad vorliebnehmen musste. Lily empfand dies als besonders gemein Mark gegenüber, weil das Gästebad nur eine Dusche, aber keine Badewanne hatte. Mark empfand dies Lily gegenüber gemein, weil sie jede Nacht eingeschlossen wurde – ein Sicherheitsrisiko, wie er schimpfte. Zudem sollte Lily nicht nur nachts eingeschlossen werden, sondern auch, wenn die Eltern zu ihren Veranstaltungen gingen, es sei denn, Mark oder sie selbst begleiteten sie, während der andere daheimblieb.

Das gesamte Wochenende waren beide auf Hab Acht, ließen sie nicht einen Moment allein, und die Krönung war, als sie am Sonntagabend verkündeten, sie hätten mit ihren Vorgesetzten gesprochen und würde in der nächsten Zeit abwechselnd von zu Hause aus arbeiten.

Lily war fassungslos.

Mark war stinksauer.

Da sie sich beide auch noch so unkooperativ zeigten, verloren sie zudem einen Haufen Privilegien – Fernsehen ohne Aufsicht, Taschengeld, Freunde einzuladen oder mit Freunden auszugehen. Im Grunde genommen versuchten die Eltern, jeden möglichen Moment ihres Lebens zu kontrollieren, als ob Mark und Lily nur darauf warteten, übereinander herzufallen und verbotene Dinge zu tun.

Wenn Lily ehrlich war, war ihr die Lust an Sex momentan ganz und gar vergangen. Viel lieber hätte sie sich gewünscht, Mark würde sie wieder so in die Arme nehmen, wie er das in der letzten Nacht getan hatte, würde leicht ihren Mundwinkel küssen oder vielleicht sogar sie so zärtlich wie zum Schluss im Bad. Und vielleicht wäre sie sogar ganz erleichtert gewesen, dass man sie trennte, weil sie sich doch längst verliebt hatte – wenn nicht, ja, wenn nicht Mark sie genauso verloren angesehen hätte, wie sie sich fühlte.

Er *hatte* sie zärtlich geküsst, und er *hatte* sie im Arm gehalten. Vielleicht hatte er sich ja auch verliebt?

Aber wenn dem so war, dann war der Zeitpunkt katastrophal.

Sie ahnte inzwischen, warum er nach oben gerannt war. Ihre Mutter hatte kein Wort über den Butt-Plug verloren, der ja noch im Waschbecken gelegen hatte, und so vermutete sie, dass Mark ihn rechtzeitig versteckt hatte – zum Glück, denn ansonsten hätte ihre Mutter wohl einen Schlaganfall bekommen.

Aber auch so war die Stimmung eisig, und Lily kämpfte mehr als nur einmal an diesem Wochenende mit ihren Tränen. Die dicken Wände, über die sie einst froh gewesen war, weil sie ungewollte Laute gedämpft hatten, waren ihr jetzt zuwider. Sie konnte mit Mark nicht durch die Wand sprechen. Sie konnte gar nicht mit ihm sprechen, ohne dass ihr ihre Mutter oder Ben das Wort abschnitten und sie aus dem Zimmer schickten.

Lily hasste es, zu streiten.

Am Montagmorgen fuhr ihre Mutter sie zur Schule, so, wie sie das ganz zu Anfang, direkt nach der Sache mit Horst Heinrich getan hatte. Lily fühlte sich zu Unrecht wie ein Kind behandelt. Ihre Mutter brachte sie sogar bis zum Klassenzimmer, und seltsame Blicke streiften sie.

Mark sah sie nicht bis zur ersten Pause.

Beide würden in diesem Jahr ihren Abschluss machen, was gut war, denn ansonsten hätten die Eltern am Ende noch erwogen, einen von ihnen umzuschulen. So aber, wurde Lily plötzlich bewusst, war die Schule der einzige Ort, an dem sie dem Zugriff ihrer Eltern entzogen waren. Bislang hatten sie sich dort weitestgehend ignoriert, am Anfang ohne Absicht, später, um keine Gerüchte aufkommen zu lassen.

Doch in Anbetracht der Umstände war das alles gleichgültig, als sie sah, wie Mark in der Pause zielstrebig auf sie zuhielt, nicht links und nicht rechts guckte, und sich von niemandem stoppen ließ.

Sie ließ ihre Tasche fallen und lief ihm entgegen.

Mark zog sie fest in seine Arme, während sie in Tränen ausbrach, all die erstaunten und amüsierten Blicke um sich herum ignorierend.

„Hör auf, hör auf", flüsterte er, bog ihr Gesicht zurück und wischte mit den Daumen ihre Tränen ab. „Bitte, Prinzessin, hör auf. Wir finden einen Weg."

Da war es auf einmal – ein *wir*, dass es in dieser Form zuvor nicht gegeben hatte.

Sie war nicht allein.

Sie litt nicht allein.

Mark war noch immer an ihrer Seite – und er küsste sie.

Vage wurde Lily sich des Raunens um sie herum bewusst. Die Schule war nicht besonders groß, nur etwas hundert Schüler pro Jahrgang. Sie wusste, dass viele den Sportler Mark kannten, und sie, seine Stiefschwester, die neu dazugekommen war, per Assoziation.

Und als ob sie es geahnt hatte, hörte sie, wie jemand nahebei ausspuckte: „Pfui! Die sind doch Geschwister!"

„Mark und Lily sind Stiefgeschwister! Sie sind nicht blutsverwandt!", hörte sie eine weitere Stimme, die ihrer Freundin Delia, und war irrsinnig dankbar dafür.

Den Lästerer beeindruckte das aber wenig.

„Pah", hieß es, „Geschwister sind Geschwister!"

Mark löste sich von ihr, griff ihre Hand.

„Komm“, murmelte er nur.

Delia hielt ihr die Tasche entgegen, die sie dankbar nahm, die große Frage darin nur mit einem Nicken beantwortend. Sie ließ sich von Mark durch die Gänge bis zu einem verlassenen Klassenzimmer ziehen.

„Ich hätte nie gedacht, dass sie so ausflippen“, sagte er, nachdem er sie noch einmal heftig geküsst hatte. „Es tut mir so leid! Ich habe noch nie vergessen, meine Tür abzuschließen. Aber am Freitag ...“

„Du hast mich hochgetragen und bist durchs Bad hinüber“, vervollständigte sie. „Ich weiß. Es hätte mir genauso passieren können. Und dann wäre sie durchs Bad gekommen und hätte gesehen ...“

„Das Ding habe ich gerade noch verschwinden lassen können“, grummelte er. „Nicht auszumalen, was das ausgelöst hätte. Eva hätte nie geglaubt, dass du es bei *mir* benutzt hast, und mein Vater würde mich für schwul halten!“

„Wenn du eines nicht bist, dann schwul“, murmelte sie und schmiegte ihren Kopf an seine Schulter.

„Das wissen wir wohl“, grinste er. „Aber was wir nicht wissen – wie machen wir weiter? Ich meine, halten wir aus? Oder willst du ... aufgeben?“

„Dich aufgeben?“ Sie hob alarmiert den Kopf. „Nein, niemals! Willst du?“

„Niemals“, bekräftigte auch er. „Ich habe gemeint, was ich gesagt habe. Sie reagieren total irrational. Aber ich glaube, sie haben sich einfach diese Idee von der perfekten kleinen Familie aufgebaut, und da passt es eben nicht hinein, dass wir keine echten Geschwister sind.“

„Vielleicht brauchen sie Zeit?“, meinte Lily hoffnungsvoll. „Meine Mutter muss verstehen, dass ich nicht mehr ihr kleines Mädchen bin. Das fällt ihr schwerer als alles andere.“

„Mein Vater kann manchmal ganz schön stur sein“, seufzte er, „vor allem, wenn er seinen Willen nicht bekommt. Ich weiß nicht, ob Zeit da ausreicht.“

„In einem guten halben Jahr schließen wir die Schule ab“, überlegte sie. „Nächsten Herbst wäre ich so oder so ausgezogen.“

„Bist du sicher?“ Mark sah sie ironisch an. „Ich hätte drauf wetten können, dass Eva versucht, ihren kleinen Engel an der lokalen Uni unterzubringen und zu Hause zu behalten.“

„Nein“, verwehrte sie sich, obwohl sie das früher durchaus in Betracht gezogen hätte. „Ich ziehe aus.“

„Ich auch“, meinte er. „Pa weiß das, obwohl er es hasst. Aber wir sind darauf angewiesen, dass sie uns unterstützen.“

„Du meinst, sie werden uns nicht zusammenziehen lassen?“, witzelte Lily schwach.

Er sah sie plötzlich an.

„Würdest du zusammenziehen wollen?“, fragte er rau.

Eine simple Frage, und doch so viel mehr. Lily schoss durch den Kopf, ob sie ihm sagen sollte, dass dies für sie längst mehr als Sex, als Spaß und Rumprobieren war, dass sie ihr Herz für ihn entdeckt hatte, dass sie verliebt war.

Am Ende entschied sie sich für ein genauso simples: „Ja“, das doch alles ausdrückte, was sie sagen wollte.

In Marks Gesicht schien die Sonne aufzugehen. Er zog sie wieder dicht an sich, drückte ihren Kopf an seine Schulter und sagte, zutiefst erleichtert klingend: „Ich auch. Oh Himmel, ich auch.“

Eine Weile sagten sie gar nichts, saßen einfach so zusammen. Es klingelte zur nächsten Stunde, aber da niemand hineinkam und sie weitaus gravierende Sorge als Bio oder Englisch hatte, blieben sie einfach sitzen.

„Mein Vater liebt mich“, sagte Mark plötzlich. „Ich weiß, das scheint nicht immer so, aber er nimmt die Sachen sehr schwer. Er hat es auch nur schwer verkraftet, dass meine Mutter ihn verlassen hat, und deshalb hat er ihr anfangs immer viel verziehen. Aber als er sah, dass sie mich vernachlässigte, dass ich ... na, du weißt schon ... dass ich litt, da wurde er wütend auf sie. Er hat mich ihr weggenommen, vor Gericht, mit richtig bösem Blut. Das war alles furchtbar für uns. Ich war froh, als er Eva traf und wieder zu lächeln anfing. Und dann du – ich glaube, er wollte immer eine Tochter, aber er hat Angst vor der Verantwortung. Er war der Meinung, er würde mir kaum gerecht werden, und ich bin sein Sohn. Er hat einfach diesen unfassbaren Anspruch an sich. Alles soll perfekt sein. Wir sollen perfekt sein, er selbst, ich. Ich muss gut im Sport sein, gute Noten nach Hause bringen, keine Dummheiten machen. Und ich bemühe mich ja, weil ich sehe, wie sehr er sich bemüht, wie wichtig es ihm ist, meine Mutter zu ersetzen. Manchmal treibt er mich aber in den Wahnsinn damit. Und gerade setzt er dem Ganzen die Krone auf.“

Lily dachte eine ganze Weile über das Gehörte nach, bevor sie sprach.

„Meine Mutter liebt mich bestimmt auch, auf ihre Art", sagte sie dann. „Ich bin mir nicht sicher, was mit meinem Vater war. Sie waren nie verheiratet, und als er verschwand ... nun ja, inzwischen gilt er als tot. Aber ich glaube, sie hat schon sehr darunter gelitten, allein mit mir zu sein, und sie wollte es besser machen als alle anderen, ihnen allen zeigen, dass sie es allein genauso gut schaffte. Sie hat mich nie versteckt, im Gegenteil. Sie hat mich überall mit hingenommen, immer zugesehen, dass es mir dabei gut ging, dass Babysitter da waren und ich rechtzeitig ins Bett kam. Ich glaube, sie sah es auch als Belohnung an, weil ich niedlich war, und man sie lobte, bewunderte und toll fand, wie sie das schaffte – eine solche Karriere allein mit einem Kind. Und ich habe wohl gespürt, dass ich funktionieren musste, weil sonst das ganze Kartenhaus in sich zusammengefallen wäre. Es fiel mir nicht einmal schwer. Ich bin kein Rebell, und wenn Mama glücklich ist, dann war das Leben immer einfacher. Dass sie mich immer mehr wie ein Püppchen vorführte – ich weiß nicht, das ist mir noch nicht lange bewusst, und ihr bestimmt noch viel weniger. Die Sache mit Horst Heinrich hat sie fast mehr getroffen als mich. Aber das ist Mama – sie sagt, raus mit den Skeletten, steh dazu, dann kann es später niemand gegen dich verwenden. Sie ist manchmal so brutal ehrlich, dass ich mich frage, wie sie all dieses Honiggesülze und Geschleime nur schafft. Aber wahrscheinlich redet sie sich das alles so lange ein, bis sie es selbst glaubt."

„Tja“, seufzte Mark. „Sie sind sich ziemlich ähnlich, was das anbetrifft, was? Sie wollen ihr Bild erfüllen, es soll echt sein. Und wir ... wir machen ihnen das kaputt. Weil es stimmt, weißt du? Wir mögen zwar keine Geschwister sein, aber wir sind Stiefgeschwister. Und das lässt sich so leicht in ein böses Gerücht verwandeln.“

„Du hast sie auch gehört, oder?“, flüsterte Lily.

Er zuckte mit den Achseln.

„Das war Nadia“, meinte er. „Sie hetzt gerne. Sie mag mich nicht, seitdem ich nicht mit ihr zum letzten Ball gehen wollte. Und dich mag sie schon gar nicht.“

„Weil du mit mir zum Ball gehen würdest?“, fragte sie mit Herzklopfen.

Er lächelte sie an.

„Genau“, erwiderte er. „Nimm dir nicht zu Herzen, was sie sagt. Wir sind an dieser Schule nicht so berühmt, dass wir Schlagzeilen machen würden. Und wir brechen keine Tabus, machen nichts Verbotenes. Vergiss das nicht, Lily. Wir sind beide alt genug, und wir sind *nicht* verwandt.“

„Ich weiß“, murmelte sie und vergrub ihr Gesicht in seinem T-Shirt. „Aber ich wünschte doch, es wäre einfacher.“

„Das wünschte ich auch“, seufzte er.

~

Als Lily später zu ihrer nächsten Klasse lief und mit dem letzten Klingeln auf ihren Platz huschte, landete ein Zettel auf ihrem Tisch – von Delia. Und wie angedroht wurde sie nach der Stunde sofort von Delia und Connie in Beschlag genommen.

„Raus damit, mit allem“, forderte Delia vehement. „Wieso wissen wir nichts? Was ist zwischen dir und deinem Stiefbruder? Seid ihr zusammen? Und warum hast du geheult?“

„Es gab schon länger Gerüchte, dass Mark was am Laufen hat, sonst hätte er Nadia nicht abblitzen lassen“, meinte Connie. „Aber du? Damit hat niemand gerechnet. Ich meine, versteh mich nicht falsch, du bist total süß, aber bei Mark hätte man eher ...“

„Mit jemanden wie Nadia gerechnet“, seufzte Lily. „Es hat sich langsam entwickelt. Ich glaube, es war uns selbst nicht so klar. Aber am Samstagmorgen haben unsere Eltern es herausgefunden, und seitdem ist die Hölle los.“

Sie verschwieg die lange Affäre vorher, die Experimente, wie Mark zu ihr unter die Dusche gestiegen war, all das, was sie getan hatten. Das ging niemanden außer ihr und ihm etwas an. Aber über die Katastrophe vom Wochenende zu sprechen, und über die drohenden Folgen, das tat gut.

Leider konnten weder Connie noch Delia sie so beruhigen, wie sie sich das gerne gewünscht hätte.

„Nadia hetzt schon“, sagte Delia bedauernd. „Lily, Süße, da kommen harte Zeiten auf dich zu. Und wenn nicht mal eure Eltern hinter euch stehen ... natürlich ist das alles Unsinn. Aber Mark ist bekannt, und du jetzt auch, und eure Eltern sind reich, und da wird aus einer harmlosen Sache leicht böse Nachrede.“

Mark hatte etwas Ähnliches gesagt, bevor er es schnell wieder abgetan hatte.

„Warum sollte es jemanden interessieren, was wir tun?“, fragte Lily schwach. „Ich kenne außer euch praktisch keinen. Und Mark ist nun auch nicht gerade der Prinz der Schule.“

„Vielleicht wäre es einfacher, wenn er der Prinz wäre“, mutmaßte Connie. „Alle haben mitgekriegt, dass er Nadia hat abblitzen lassen. Jetzt kann sie ihr Ansehen wiederherstellen, in dem sie seines in den Schmutz zieht.“

„Und dich dazu, Süße“, meinte Delia bedauernd.

Lily straffte sich,

„Am Ende sind es nur Gerüchte“, sagte sie tapfer. „Ich gebe Mark nicht auf. Wir tun nichts Falsches, und bald sind wir hier weg. Sollen sie sich doch das Maul zerreißen, wenn es denn sein muss!“

Aber bei sich dachte sie, wie sehr ihre Eltern ausflippen würden, wenn sie von dieser neuen Komplikation hören würden. Und sie würden davon hören, das war gewiss.

Sie hatte ein sehr flaues Gefühl im Magen.

~

Sie hatte es zu Recht. Vielleicht wäre es anders gekommen, wenn sie Mark nicht am ersten Tag so um den Hals geflogen wäre, wenn sie zumindest daheim miteinander hätten sprechen können und nicht auf die wenige Zeit in die Schule angewiesen waren, wenn er nicht kurz vorher eines der einflussreichsten Mädchen der Schule abgewiesen hätte, vielleicht, vielleicht, vielleicht ...

Tatsache war, dass die pikante Auffassung, Stiefgeschwister wären wie Geschwister und sie würden Inzest begehen, wie ein Lauffeuer seinen Gang nahm, und dass nach nicht einmal einer Woche Lily keinen Raum mehr betreten konnte, ohne Getuschel zu hören. Es dauerte nicht einmal eine Woche, und außer Mark, Connie und Delia sprach niemand mehr mit ihr.

Mark, dem durch sein Judo eingebläut gewesen war, sich nie zu prügeln, geriet in mehrere hässliche Kämpfe.

Auch vor den Veranstaltungen, auf die notgedrungen immer einer von ihnen gehen musste, machten die Gerüchte nicht halt. Lily sah sich von Blicken verfolgt. Der alte Peters schaute sie an und schüttelte verächtlich seinen Kopf. Charlene, die Freunde an ihrer Schule hatte, stichelte noch giftiger als sonst. Und Mark, mit dem sie in den kurzen Pausen verzweifelt ihre Erlebnisse austauschte, konnte sie nicht beruhigen. Es schien, als habe sich plötzlich die Welt gegen sie verschworen.

Demzufolge war es nur eine Frage der Zeit, bis ihre Eltern dahinterkamen, was in der Schule geschah, was auf den Partys getuschelt wurde. Sie konnte es kurze Zeit später an ihren Augen beim Abendessen sehen, an diesem Zorn, der kaum gebändigt hinter der Oberfläche schlummerte. Sie bekam kaum einen Bissen hinunter. Aber dann, sie bekam seit dem furchtbaren Samstagmorgen kaum noch etwas hinunter.

Am nächsten Tag, kurz vor Beginn der Weihnachtsferien, verkündete Ben, dass er seinen Sohn über die Feiertage bei einem Judo-Seminar angemeldet hatte, und dass Mark schon am folgenden Nachmittag abreisen würde.

Mark wollte natürlich nicht. Es kam zu einem furchtbaren Streit, bei dem sich Vater und Sohn gegenseitig anbrüllten. Lilys Mutter zog sie schließlich mit Gewalt aus dem Zimmer und fauchte Mark an: „Du verletzt meine Tochter nicht noch mehr!“

Lily hätte so gerne geschrien, dass Mark sie nicht verletzte, gar nicht, aber da waren sie schon hinaus und sie in ihrem Zimmer eingesperrt.

Sie wusste nie so genau, warum er schließlich nachgab. Er behauptete, er täte es nur, damit sich alle beruhigten und zur Vernunft zurückkehrten. Sie war sich da nicht so sicher. Tatsache aber war, dass Ben Mark am Folgetag fortbrachte, dass ihre Mutter seltsam war und die ganze Zeit heimlich telefonierte, und dass sie Lily das Handy weggenommen hatte. Lily sah schon mit Bangen einem grauenvollen Fest ohne Mark entgegen.

Und dann, drei Tage vor Weihnachten, platzte die eigentliche Bombe.

~

„Er ist dein Vater, dein leiblicher Vater“, sagte ihre Mutter.

„Aber ich verstehe nicht“, erwiderte Lily fassungslos. „Ich dachte, er sei verschollen! Ich dachte, er sei tot!“

Das war eine Lüge gewesen. Lilys Vater lebte, war ein arbeitsloser Musiker, wohnhaft in einer anderen Stadt, und hatte sich bislang weder um seine ehemalige Geliebte noch um das gemeinsame Kind gekümmert. Anscheinend sollte sich das jetzt ändern.

„Du ziehst für den Rest des Schuljahres zu ihm“, bestimmte ihre Mutter. „Ich habe bereits alles mit ihm besprochen. Ich habe dich auch schon umgemeldet. Du wirst unter seinem Namen dort zur Schule gehen: Lily Stiehl. Hier ist dein neuer Ausweis.“

Es war der Schock, dachte sie später, dass sie sich so wenig gewehrt hatte – der Schock, einen Vater zu haben, der Schock, von ihrer Mutter abgeschoben zu werden, der Schock zu wissen, dass Mark heimkommen und sie fort sein würde. Sie saß im Auto, bevor sie auch nur ansatzweise begriffen hatte, was geschah. Und sie saß in einer sonnigen, spärlich eingerichteten Altbauwohnung einem Fremden gegenüber, ehe sie verstand, dass man sie aus dem Haus geworfen hatte.

Sie sah ihre Mutter an wie eine Fremde, als diese sich verabschieden wollte, und sie sagte nichts, erwiderte die unbeholfene Umarmung nicht, nahm den Umschlag mit dem Geld nicht entgegen, der schließlich auf dem Tisch liegen blieb.

Sie saß in einer fremden Wohnung, einem Fremden gegenüber, zwei Tage vor Weihnachten.

Sie war fortgegeben worden.

Und alles nur wegen dummer, unsinniger Gerüchte.

Die Welt, wie sie wurde

Dem Schock folgte der Zorn, die unfassbare Trauer. Joseph, ihr leiblicher Vater, der sich Beppo nennen ließ, schien genauso wenig mit ihrer Existenz umgehen zu können wie sie mit seiner. Er war ihr kein Trost, er war kein Halt. Er nahm das Geld seiner Exfreundin an – und Lily argwöhnte, dass er großartig bezahlt wurde – und dafür sorgte er für Essen auf dem Tisch und einem Dach über den Kopf. Sie heulte unter der Dusche und schlug mit der Faust gegen die Fliesen, bis diese Risse bekamen.

Weihnachten beging Beppo nicht, was ihr bloß recht war. Wie hätte sie Weihnachten feiern können, in dem Wissen, dass ihrer Mutter ihr Prestige wichtiger war als sie? Dass Gerüchte eine größere Bedeutung für Eva hatten als das Wohlergehen ihres einzigen Kindes?

Dass ihre Mutter sie nicht liebte, vielleicht nie geliebt hatte, sondern stets nur das Bild der niedlichen, kleinen Prinzessin?

Weihnachten fiel aus, und sie sprach mit Beppo nicht einmal darüber. Meistens saßen sie einander ohnehin nur gegenüber und schwiegen. Manchmal spielte er; er war Gitarrist und Sänger, aber beides ohne viel Erfolg. Er zeigte ihr die Umgebung, den kleinen Laden, wo sie Lebensmittel besorgten – viel war nie da, aber genug, dass sie nicht hungern musste – wo er sein Trinkgeld von den Auftritten in Cafés und Bars aufbewahrte, falls sie Geld brauchte. Er zeigte ihr den Weg zu ihrer neuen Schule.

Er schien nicht zu wissen, was er mit ihr reden sollte.

Lily wusste das ebenso wenig.

Die neue Schule war anders als die alte, weitaus weniger schick, weitaus größer. Nach Tagen nur war ihr klar, dass sie hier keine besonderen Freunde gewinnen würde, die ihr helfen konnten – was sie in dem seltsamen, losgelösten Zustand, in dem sie sich befand, aber auch nicht weiter schlimm fand. Schließlich sollte sie lediglich ein paar Monate dort verbringen.

Sie hatte nicht genug Geld für eine Fahrkarte nach Hause und wusste, sie würde ohnehin sofort wieder zurückgeschickt werden, wenn sie es nur versuchte. Sie war zu Hause unerwünscht.

Sie weigerte sich, ans Telefon zu gehen, wenn ihre Mutter anrief.

Sie bekam ein neues Handy und verfluchte sich, weil sie keine einzige Nummer aus dem alten kannte. Früher hatte man Nummern auswendig lernen müssen, sie jedoch hatte alle immer gleich einprogrammiert und sofort vergessen. Sie wusste weder Connies, noch Delias, noch Marks. Sie erinnerte sich nicht einmal an die E-Mail-Adressen, und ihre social media Accounts waren allesamt gelöscht. So war sie absolut, total und vollkommen von ihrem alten Leben abgeschnitten und hatte ein neues, ein Leben als Lily Stiehl.

Sie hatte ihr altes Leben verloren, und nichts würde ihr dies wiedergeben.

Als sie dies begriff, endlich begriff, was man ihr genommen hatte, schnitt sie ihre langen, hellblonden Haare ab und schminkte ihre Augen tiefschwarz. Und sie sagte zu Beppo, er solle ihr einen Job besorgen.

„Deine Mutter schickt genügend Geld“, meinte er stirnrunzelnd. „Du sollst dich auf die Schule konzentrieren, sagt sie. Ich kann dir kaufen, was du brauchst.“

Lily erklärte schlicht, kein Geld von ihrer Mutter annehmen zu wollen.

„Wenn sie mich abschiebt, darf sie sich nicht ihr Gewissen reinkaufen“, sagte sie so kalt und böse, dass Beppo sie nur erschrocken anschaute.

Aber er protestierte nicht. Ein paar Tage später durfte sie in einem der Cafés bedienen, in denen er abends spielte, und von da an tat sie es immer. Das war gut, denn es brachte ihr nicht nur Geld, sondern lenkte sie auch von dem ab, was sie verloren hatte.

Ihre Noten litten, was kein Wunder war, wo sie doch mitten im letzten Schuljahr hatte wechseln müssen. Da sie den Abschluss wollte, ja, sogar *brauchte*, setzte sie sich hin und zwang sich, etwas mehr Mühe auf die Schule zu verwenden. Sie wusste vorerst nicht, was sie nach dem Abschluss tun wollte. Studieren ja, das hatte für ihre Mutter und sie immer festgestanden, aber was? Sie hatte eigentlich geplant, sich dies in ihrem letzten Schuljahr gut zu überlegen, und dann war Mark dazwischengekommen.

Dann war ihre Mutter gekommen und hatte ihr altes Leben einfach weggewischt.

Ihr achtzehnter Geburtstag kam und ging. Sie hatte Beppo gesagt, dass sie, wenn ihre Mutter auftauchen würde, weglaufen würde, für immer, und er musste dies ausgerichtet haben, denn ihre Mutter kam nicht. Lily ging auch nicht ans Telefon, als sie anrief. Sie hatte seit der Abfahrt von ihrem alten Heim kein Wort mehr mit Eva gesprochen, kein Wort mit Ben.

Kein Wort mit Mark, der vermutlich immer noch nicht wusste, wo sie sich befand.

Sie hätte ihm einen Brief schrieben können – ihre alte Adresse kannte sie schließlich. Sie begann unzählige Briefe, die sie alle wieder zerriss. Vermutlich wurde die Post abgefangen. Und wie konnte sie Mark etwas erklären, was sie selbst nicht verstand? Wie konnte sie ihm erklären, dass sie, Mamas kleine Prinzessin, aus dem Haus geworfen und zu einem Vater gebracht worden war, der mit ihr nichts anfangen konnte?

Sie hatte nicht einmal mehr Worte für Mark. Die Lily, die er gekannt, die er gehalten und mit der er herumgespielt hatte, war fort, wie gestorben.

Sie existierte einfach nicht mehr.

Im Frühsommer bestand sie zum Glück ihren Schulabschluss, aber ging nicht zur Feier, weil sie ahnte, dass ihre Mutter dort auftauchen wollte. Stattdessen verbrachte sie mehrere Tage mit oberflächlichen Freunden, ein paar Aussteigern, die Wert darauflegten, anders zu sein, die rebellieren wollten. Einige von ihnen nahmen Drogen, doch Lily hatte zu viel auf den Partys ihres alten Lebens gesehen, zu viel, was sie niemals hätte sehen dürfen, als dass sie je dieses Wagnis eingegangen wäre.

Sie lag stattdessen mit Simon, einem Jungen ihrer Abschlussklasse, am Fluss unter der Brücke und hörte zu, wie er auf seiner Gitarre spielte. Sie ließ zu, dass er sie küsste, auch wenn sie dabei nur sehr wenig empfand.

„Jetzt ist die Schule aus", sagte er. „Was hast du vor?"

„Was hast *du* vor?", erwiderte sie.

Simon, so erfuhr sie, wollte so schnell wie möglich die Stadt verlassen, in eine Großstadt ziehen und von seiner Musik leben. Er konnte ein Zimmer bei Freunden bekommen. Sie dachte lange darüber nach, bevor sie sich zu ihm umwandte. Simon, das wusste sie, stand auf sie, auf ihr neues, elfenhaftes Aussehen mit den kurzen, hellen Haaren und kontrastierend dunklen Augen, dünn und schmal, wie sie geworden war.

„Nimm mich mit", sagte sie.

Er sah sie verblüfft an.

„Was willst du denn da machen?", fragte er. „Ich meine, du kannst gerne mitkommen, aber was willst du *tun?*"

Sie lächelte schwach. In diesen Stunden und Tagen unter der Brücke, am improvisierten Lagerfeuer, umgeben von seiner Musik, war ihr Entschluss gefallen.

„Ich werde studieren", sagte sie, „Psychologie. Aber ich brauche bei meinen Noten bestimmt ein paar Wartesemester, und ich brauche Geld. Ich werde kellnern. Und vielleicht", sie lehnte sich zurück, gegen seine Schulter und ließ ihre Hand über seinen Oberschenkel gleiten, „vielleicht bringst du mir Gitarre bei."

~

Beppo wartete auf sie, als sie schließlich in seine Wohnung zurückkehrte, übernächtigt und mit etwas weniger Eis im Herzen als zuvor.

„Sie war hier, oder?", fragte sie ohne weitere Begrüßung. Beide hielten sich nicht mit Höflichkeiten auf, wozu, wenn es so wenig zu sagen gab.

„Sie war hier", antwortete er erwartungsgemäß. „Ich habe ihr gleich gesagt, dass du nicht kommen wirst. Aber hör mal, Lily. Ich mag kein richtiger Vater sein, doch eines habe ich in meinem Leben gelernt."

„Was?", fragte sie, amüsiert, dass er ihr jetzt mit Weisheiten kommen wollte.

Beppo sah sie ernst an.

„Du musst lernen zu vergeben", sagte er, „für dich selbst. Denn wenn du nicht vergeben kannst, wird der Hass dich irgendwann auffressen. Es wäre zu schade, wenn dir das geschieht."

Sie wusste nicht, was sie darauf erwidern sollte. So zuckte sie nur mit den Achseln und erklärte: „Ich ziehe mit

Simon nächste Woche weg. Ich denke, du wirst ganz froh sein, wenn du wieder deine Ruhe hast."

Beppo kannte Simon nicht, doch es war bezeichnend, dass er nicht nach ihm fragte. Es war auch klar, dass er seine Wohnung gerne wieder für sich haben würde, so wenig Lily in den sechs Monaten gestört haben mochte.

Dennoch biss er sich auf die Lippen.

„Ich mag kein guter Vater sein", wiederholte er, „oder vielleicht überhaupt keiner, doch du bist mein einziges Kind. Ich würde gerne wissen, was aus dir wird."

„Meinst du, Eva wird es wissen wollen?", spottete Lily.

„Natürlich wird sie es wissen wollen", entgegnete er sofort, „und sie wird Privatdetektive auf dich ansetzen, wenn du spurlos verschwinden solltest, Lily Stiehl. Wenn du nicht möchtest, dass sie es von mir erfährt, sage ich ihr nichts. Glaube nur nicht, dass sie dich nicht finden kann, wenn sie will."

„Die Frage ist", meinte Lily trocken, „ob sie *wirklich* will. Aber gut, ich schreibe dir. Danke, dass du mich hier hast wohnen lassen."

„Du brauchst Geld", sagte er nachdenklich. „Ich weiß, du willst ihres nicht ..."

„Ich nehme ihres nicht!", unterbrach sie scharf. „Ich habe gespart. Ich spare auch weiter. Sie kann mit ihrem Geld machen, was sie will."

Und dabei blieb sie, unbeugsam und unnachgiebig.

~

Mit Simon zusammen zu wohnen war unkompliziert, weil Lily es nicht kompliziert werden ließ. Sie hatte ein Gefühl der inneren Distanz zu allem, seitdem sie in das Auto ihrer Mutter gestiegen war, ein Gefühl der Unwirklichkeit. Sie schlief mit ihm, weil es dazugehörte, und weil es sie ablenkte. Sie versuchte, dabei nicht an Mark zu denken – auch wenn sie nach dem ersten Mal unter der Dusche weinte, heiß und lautlos.

Sie schrieb ihren ersten Liedtext danach.

Früher hatte sie Gedichte geschrieben, bis zu ihrem Erlebnis mit Horst Heinrich. Dann hatte sie nur geträumt. Jetzt, in dieser WG, in der sie sich eine Matratze mit einem Jungen mit einer Gitarre teilte, begann sie, Lieder zu schreiben. Sie lernte von ihm, Gitarre zu spielen, und die Melodien kamen so leicht zu ihr, dass sie sich wunderte, warum sie dies nicht schon längst getan hatte. Bald war sie genauso gut wie er auf dem Instrument, und besser beim Singen.

Sie traten eine Zeitlang gemeinsam in der Fußgängerzone auf, weil sich sonst nichts für Simon ergab. Manchmal tat Lily es auch ganz allein. Die anderen Bewohner der WG verstanden nicht, weshalb sie studieren wollte, dafür kellnern ging und jeden Cent beiseitelegte.

„Warum Psychologie?“, fragten sie. „Wenn schon, dann solltest du Musik studieren!“

„Du solltest gar nicht studieren. Wir könnten eine Band gründen!“, behauptete Simon.

Sie wollte in keine Band. Sie wusste von Anfang an, dass sie ein Singer-Songwriter war, wie ihr leiblicher Vater. Sie wusste ebenso, dank Beppos Beispiel, dass man damit nicht reich wurde. Aber der Grund, warum sie Psychologie studieren wollte, war ein anderer.

Sie wollte verstehen.

Verstehen, warum man ihr das Glück mit Mark nicht gegönnt hatte.

Verstehen, warum ihre Mutter sie nach all den Jahren einfach weggeben konnte.

Verstehen, auch verstehen, warum sie es nicht über sich brachte, jetzt, wo sie frei war, zurückzufahren und Mark zu sagen, wohin sie verschwunden war.

Sie wollte es *alles* verstehen.

~

Als ein Jahr vergangen war, erhielt sie einen Studienplatz in einer anderen Stadt. Simon wollte nicht, dass sie ging, bettelte und flehte. Sie machte daraufhin kurzerhand Schluss mit ihm, und als er heulend in der Küche saß und von seinen Freunden getröstet wurde, hörte sie sie sagen: „Das war doch absehbar. Hast du dir ihre Augen nie richtig angeguckt? Lily war doch nie ganz hier."

Sie fand, dass dies stimmte. In ihren Augen lag eine Distanz, die sie früher nicht gehabt hatte, und welche die Distanz widerspiegelte, die sie zu allen Dingen und Personen hielt. Sie zog, sobald sie konnte, in ein kleines, verratztes Studentenwohnheim in der neuen Stadt und suchte sich einen neuen Job als Kellnerin. Manchmal, wenn sie Zeit hatte, setzte sie sich wieder in die Fußgängerzone und spielte ihre Lieder. Hin und wieder verdiente sie dabei in wenigen Stunden mehr als an einem ganzen Abend in der Bar. So besaß sie ein passables Polster, als die Uni losging und ihre Zeit limitiert wurde.

Sie schrieb Beppo, wo sie war und was sie tat.

Ihre Kleidung kaufte sie nur noch in Secondhand-Läden und sparte am Essen, was sie konnte. Sie fuhr ein altes, klappriges Fahrrad und investierte lediglich in ein vernünftiges Schloss. Sie besaß eine Gitarre, ihre einzige Extravaganz aus der Zeit mit Simon, was aber auch keine richtige Extravaganz war, denn es handele sich um eine gebrauchte Akustikgitarre, die sie einem seiner Freunde abgekauft hatte.

Sie fand ein paar Freunde unter ihren Studienkollegen, obwohl sie ihre Distanz nicht überwinden konnte, und obwohl sie mit ihren kurzen, hellen Haaren, den zu dunklen Augen und ihren gelegentlichen Auftritten in der Fußgängerzone ein Exot unter den Studenten blieb. Sie ging auch kaum auf Partys und trank nur wenig Alkohol. Sie konnte es sich einfach finanziell nicht leisten.

Sie hatte tief in sich furchtbare Angst, die Kontrolle über sich zu verlieren, aber das konnte sie sich nicht einmal selbst eingestehen.

Und dann kam Barbara.

Lily befand sich gerade in einer besonders kreativen Phase und hatte sich angewöhnt, ihre Gitarre überall mit hinzuschleppen. Ihre Kommilitonen waren davon begeistert und baten sie öfter, in den Pausen ein kleines Konzert zu geben. Mit ihren engeren Freunden saß sie in der Cafeteria oder auf dem Campus, spielte, sang, holte sich Anregungen ab, verbesserte. Sie spielte nicht nach Noten. Sie spielte nur nach Gehör. Das Lieblingslied ihrer Freunde war aller Meinung nach auch ihr bestes – es war ihr erstes, an dem sie immer und immer wieder herumgefeilt hatte, und sie spielte es in dem Moment, als Barbara vorüberging.

Hätte sie nicht gerade dieses Lied gesungen, wer wusste, ob Barbara sie überhaupt erkannt hätte.

Regen
Tropfen
Fallen auf uns herab
Und deine Hand in meinem Haar
Und deine Hand auf meiner Haut
Eröffnet mir die Welt

Doch was verboten
Ist nicht erlaubt
Wenn auch nicht logisch
Wird's mir geraubt
Und ihr Willen zählt so viel mehr
Als wir

Regen
Tropfen

Fallen auf uns herab
Fort ist die Hand aus meinem Haar
Fort ist die Hand von meiner Haut
Verschwunden meine Welt

Regen
Tropfen
Fallen auf uns herab
So kalt geworden ist mein Haar
Wie Eis erstarrt ist meine Haut
Verloren unsere Welt

Sie sang es wie ihr Schwanenlied, und sie wusste, dass so mancher Kommilitone seine frisch gewonnenen Psychologieerkenntnisse an ihr austestete. Es war ihr gleich. Man hatte ihr den Mund verbieten wollen, man hatte sie und Mark verbieten wollen, und es war wie eine Rebellion, immer und immer wieder dieses Lied zu singen.

„Lily?“, sagte Barbara erstaunt.

Lily schaute hoch. Barbara hatte sich kaum verändert – die Locken wieder länger, nach diesem bedauerlichen Frisörunfall, schick und stylisch gekleidet. Sie hingegen, mit ihren selbstgeschnittenen kurzen Haaren, ihren immer noch zu dunkel geschminkten Augen und den Secondhand-Kleidern, hatte sich extrem verändert.

Sie war auch innerlich nicht mehr die kleine Prinzessin von einst.

„Hey, Babs", meinte sie langgezogen, weil Unkenntnis vorzutäuschen ihr albern erschien. „Studierst du hier etwa auch?"

Barbara schien irritiert wegen des verunstalteten Namens, etwas, was die alte Lily nie gewagt hätte.

„Nein", sagte sie. „Ich besuche eine Schulfreundin. Ich wusste nicht ... ich wusste nicht, dass du hier lebst. Ich meine, du bist einfach so verschwunden, Lily. Es hieß nur, du bist bei deinem Vater. Und ich hatte gedacht, er sei tot."

„Ja", meinte Lily nicht unfreundlich. „Ich auch. Haben wir uns wohl beide geirrt, was?"

„Aber warum bist du denn dann ...", begann Barbara und brach sofort ab.

Lily legte den Kopf schief und zog die Augenbrauen hoch. Barbara wusste *genau*, warum sie verschwunden war.

Alle hatten es gewusst.

„Dann mach's mal gut, Babs", sagte sie schließlich, als diese nur verlegen schwieg.

„Ja", sagte Barbara erleichtert. „Mach's gut, Lily. War schön, dich zu sehen."

„Sicher", sagte Lily trocken.

Und als Barbara sich wegdrehte, hörte sie deren Freundin neugierig fragen: „Was war denn mit ihr?", und wie Barbara tuschelte: „Es gab da diese Affäre mit ihrem Stiefbruder ..."

Na, dachte Lily bei sich, dann hatten die Gerüchte sie wohl wieder eingeholt. Zumindest war Barbara nett genug gewesen, Mark nicht als ihren leiblichen Bruder zu bezeichnen.

Sie beugte sich vor und stimmte, um allen Fragen zuvorzukommen, ein weiteres Lied an, dass sie in der Zeit mit Simon geschrieben hatte, und dass sie insgeheim Beppos Lied nannte.

Der Mann am Fenster
Singt leise vor sich hin
Nicht mehr jung, noch nicht alt
Die Träume in sich drin
Der Mann am Fenster
lässt seinen Traum nicht gehen
kommt auch Not, kommt auch Pein
kein Ende abzusehen

Manchmal sang sie stattdessen – *er will es überstehen* – oder – *sich seine Welt so drehen* – aber das lag ganz an ihrer Stimmung. Ihre Freunde kannten die verschiedenen Versionen und diskutierten immer darüber, welche am besten passten, gaben Anregungen, Ideen, und sie nahm dies dankbar an.

Für den Moment hatte sie die Fragen abgewendet. Und wenn diese Freunde, die doch Psychologie studierten, die Distanz in ihren Augen richtig verstanden, würden sie vielleicht sogar niemals fragen.

Sie wusste nicht, ob sie froh darüber sein sollte.

~

Das erste Jahr ging um. Vielleicht lag es an den Gerüchten, dass Lily beschloss, den Sommer nicht wie geplant nur mit Arbeiten zu verbringen, sondern für eine Woche zu Beppo zu fahren. Er hatte tatsächlich darum gebeten, ganz so, als ob er mit ihr jetzt, wo sie eine Künstlerin geworden war, viel mehr anfangen konnte als mit seinem Kind. Sie spielte ihm ihre Lieder vor; er erkannte sich in dem Mann am Fenster wieder und schlug schließlich die finale Zeile vor. Sie arbeiteten zusammen, und am Ende der Woche sagte er, dass sie zu viel Talent hätte, um es zu vergeuden, und dass er sich für sie um einen Plattenvertrag bemühen könnte.

Lily lehnte ab. Sie wollte ihr Studium nicht abbrechen. Sie diskutierten eine Weile, und schließlich versprach sie, zumindest eine CD aufzunehmen, wenn er ihr ein Tonstudio in ihrer Stadt besorgen und sie das nötige Geld dafür aufbringen könnte. Sie hatte keine Ahnung, was dies kosten würde, aber so gerne sie sang und komponierte, so wenig Zukunft sah sie darin.

Sie wusste auch nicht, ob sie jemals als Psychologin arbeiten wollte, doch darum studierte sie letztendlich ja gar nicht.

Die Woche bei Beppo tat ihr gut, gab ihr ein wenig ihrer Selbstsicherheit zurück. Sie war ruhiger, als sie zur Uni zurückkehrte, zu ihrem neuen Leben. Sie hatte das Gefühl, mehr in sich zu ruhen, bereiter zu sein dem, was sie zu finden versuchte.

Sie hatten nicht einmal Evas Namen erwähnt, nicht Ben, nicht Mark.

In diesem Herbst und Winter konzentrierte Lily sich mehr auf ihr Studium als auf ihre Musik. Sobald Beppo tatsächlich ein Studio fand, dass sie sich leisten konnte, hatte sie mehr als genug Material. In den Semesterferien absolvierte sie Praktika und brauchte jede freie Sekunde zum Geldverdienen, ob beim Kellnern oder an schönen Tagen in der Fußgängerzone. Doch als das Sommersemester begann, sie in allen Fächern gut dastand und ein kleines Polster auf ihrem Konto lag, gab sie ihren Freunden nach, komponierte wieder mehr und ließ sich zu Impromptu-Konzerten am See hinreißen.

Im Stillen mochte sie dies am liebsten, mit ihren Freunden abends am See sitzen, eine Flasche Wein, ihre Gitarre, und vielleicht noch ein oder zwei andere, die wie sie musizierten. Manchmal philosophierten sie, manchmal psychologisierten sie, manchmal warf sie zwischen all den Liedern und Gesprächen eine Frage ein wie die, was eine Mutter dazu bewegen konnte, ihr Kind wegzugeben. Aber sie tat es so beiläufig und theoretisch, dass keiner ihrer Freunde auf den Gedanken kam, sie würde persönlich eine Antwort darauf suchen.

Mark kam an einem dieser Abende, im Frühsommer, während sie sang.

~

Sie bemerkte ihn erst, als sie mit ihrem Lied – einem Neuen – zu Ende kam. Er hatte sich an den Rand gesetzt, ihr direkt gegenüber. Sie war es mittlerweile gewohnt, dass auch Fremde kamen und sich in Hörweite niederließen, wenn sie spielte. Sie wusste, sie hatte sich einen bestimmten Ruf erworben, und freute sich insgeheim darüber. Deshalb hätte sie *RegenTropfen* so oder so gespielt, allein schon, weil sie ihre Geschichte der Welt erzählen musste, selbst wenn er nicht gekommen wäre.

Aber sie sah auf, nachdem letzten Akkord des neuen Liedes, und da saß er, saß einfach dort und sah sie an, mit seinen warmen, braunen Augen, seinen schönen Augen, seinen zerzausten Haaren, die Hände im Schoß gefaltet, nach vorne gebeugt.

„Das gefällt mir gut, Lily“, sagte eine Freundin, ohne zu bemerken, was für ein monumentales Ereignis gerade geschah. „Es klingt so charmant!“

„Zugabe“, ließen sich einige von der Seite vernehmen, „Zugabe!“

„Spiel noch etwas“, bat ein anderer Freund.

Sie sah direkt in Marks Augen und stimmte die ersten Akkorde an.

Regen
Tropfen
Fallen auf uns herab
Und deine Hand in meinem Haar
Und deine Hand auf meiner Haut
Eröffnet mir die Welt

Doch was verboten
Ist nicht erlaubt
Wenn auch nicht logisch
Wird's mir geraubt
Und ihr Willen zählt so viel mehr
Als wir

Regen
Tropfen
Fallen auf uns herab
Fort ist die Hand aus meinem Haar
Fort ist die Hand von meiner Haut
Verschwunden meine Welt

Regen
Tropfen
Fallen auf uns herab
So kalt geworden ist mein Haar
Wie Eis erstarrt ist meine Haut
Verloren unsere Welt

Sie verstummte, als der letzte Akkord verklang, blind und taub für alles um sie herum. Mark senkte den Blick, lächelte schwach und blinzelte. Als er hochschaute, glänzten seine Augen verräterisch.

„Wohin bist du verschwunden, Lily?", fragte er leise.

„Ich bin nicht verschwunden", erwiderte sie. „Ich wurde weggegeben."

„Ah", machte er. „Sie haben mir nichts gesagt. Gar nichts haben sie mir gesagt."

Jetzt musste auch sie die Tränen wegblinzeln. Über drei Jahre war es her, dass sie Mark gesehen hatte, und sie zumindest hatte immer gewusst, was geschehen war. Sie hatte plötzlich ein schlechtes Gewissen. Sie hätte sich mehr anstrengen und ihn wissen lassen können, was aus ihr geworden war. Sie schluckte.

„Es gibt schon wieder Gerüchte über uns", sagte sie schließlich.

Er lächelte erneut und zog ein wenig spöttisch die Augenbrauen hoch.

„Ich weiß", sagte er, „wie byronesk. So habe ich dich gefunden, Lily Stiehl." Er warf einen Blick in die Runde und setzte laut hinzu: „Mein Vater hat ihre Mutter geheiratet, und das ist wirklich alles an dieser Geschichte. Geh ein Stück mit mir, Lily. Bitte." Letzteres kam wieder leiser, flehend.

Sie hatte Mark noch nie widerstehen können, wenn er bettelte.

~

„Lily *Stiehl*", wiederholte er kopfschüttelnd, als sie nebeneinander den Weg entlangliefen, ihre Gitarre auf ihrem Rücken. „Ich kann nicht fassen, dass sie sogar deinen Namen geändert hat. Für wen hält sie mich denn? Einen Psychopathen?"

„Genau darum habe ich angefangen zu studieren", sagte sie, „weil ich es verstehen möchte. Ich verstehe noch heute nicht, was damals eigentlich passiert ist, und warum. Wir hatten doch nichts falsch gemacht!“

„Sag mir Bescheid, wenn du es herausgefunden hast“, seufzte er.

Sie blieb stehen.

„Wie hast du mich überhaupt entdeckt?“, fragte sie. „War es Barbara?“

„Barbara?“ Er schüttelte den Kopf. „Nein, die habe ich schon ewig nicht mehr gesehen. Es war letzten Herbst, als ich zu Hause war. Da fand ich in Bens Arbeitszimmer diesen Umschlag eines Privatdetektivs. Und es gab Bilder von dir, hier, in dieser Stadt, in der Fußgängerzone. Ich konnte es kaum glauben.“

„Sie hat wirklich einen Detektiv auf mich angesetzt?“, fragte sie ungläubig.

Er verzog das Gesicht.

„Ich glaube, das war eher Ben als Eva“, meinte er. „Eva ging es ... ich fange vorne an, wenn du einverstanden bist? Es ist leichter.“

„Ja“, nickte sie, „fang vorne an.“

Es begann, wie sie gedacht hatte – Mark war von seinem Judo-Seminar zurückgekommen, bereit und entschlossen, mit Vernunft alles auszudiskutieren. Aber anstatt seinen Plan zu verfolgen hatte er ihr leeres Zimmer vorgefunden – nicht ganz leer, bloß ohne Lily – sowie die lapidare Aussage, dass sie von nun an bei ihrem Vater leben würde und sie keinen Kontakt mehr haben dürften.

Naturgemäß hatte er getobt. Genauso naturgemäß hatte dies nicht viel gebracht, außer, dass sein Taschengeld eingezogen und sein Freiraum erneut beschnitten wurden.

„Die nächsten Monate waren schlimm“, crzählte er. „Ich weigerte mich, überhaupt noch zu kooperieren. Ich ging zu keiner Veranstaltung. Ich drohte, wegzulaufen. Ich schloss mich an meinem Geburtstag auf dem Dachboden ein. Sie ließen mich schließlich in Ruhe, zum einen, damit ich zumindest die Schule beenden würde, und zum anderen ... Eva ging es nicht gut. Sie wurde immer weniger. Ich weiß, du willst dies vielleicht nicht hören, aber sie litt sehr. Nicht, dass ich damals Mitleid mit ihr gehabt hätte, oder mit Ben, der litt, weil sie litt. Aber im Sommer war sie für zwei Tage verschwunden, und als sie wiederkam, sah sie aus wie ein Geist.“

„Das muss zu meinem Schulabschluss gewesen sein“, meinte Lily. „Ich war abgehauen. Ich wollte sie nicht sehen.“

„Es war zumindest furchtbar“, sagte Mark. „Kurz darauf tauchte Elaine auf, um mich mitzunehmen. Sie sagte Ben, ich wäre jetzt volljährig, es wäre an der Zeit, dass sie wieder etwas mehr von mir hätte, und dass dies Haus ja nun auch nicht gerade gesund für mich sei. Ben war wider Erwarten froh, denke ich, denn Eva ging es so schlecht. Kurz darauf muss er sie in eine Klinik gebracht haben. Sie hätte ein schweres Burnout, sagten sie. Ich habe mich ehrlich gesagt nicht groß darum gekümmert, so wütend war ich noch. Ein Jahr bin ich mit Elaine gereist, und es war ein wildes, hektisches, verrücktes Jahr. Meine Mutter hat wirklich einen Schuss. Keine Ahnung, woher sie das Geld nimmt, heute hierhin und morgen dorthin zu gehen, Ben zahlt ihr bestimmt nichts. Für eine Weile tat es mir jedoch gut. Ich kam da raus, ich sah was Neues, ich konnte ..."

„Vergessen?", fragte Lily leise.

Er schüttelte den Kopf und sah sie an.

„Nicht vergessen", sagte er, „aber vielleicht ein wenig verzeihen."

Er wirkte entschuldigend. Sie biss sich auf die Lippen.

„Beppo, mein leiblicher Vater, sagte das zu mir", berichtete sie, „dass ich es lernen müsste. Zu verzeihen, meine ich. Sonst würde der Hass mich auffressen. Es wäre nur leichter zu verzeihen, wenn ich es verstehen könnte, weißt du? Wenn ich verstünde, was ich eigentlich falsch gemacht habe."

„Dann hast du wirklich bei deinem leiblichen Vater gelebt?"

„Ja, wirklich. Aber zu mir gleich. Erzähle erst zu Ende."

„Es gibt nicht mehr viel. Irgendwann hatte ich von der Rumreiserei genug und sehnte mich wieder nach etwas Ruhe. Ich kam also zurück, und Ben war so dankbar, wie ich es nie erwartet hätte. Ich studiere jetzt Architektur, weißt du? Damit konnten sich sowohl Elaine als auch Ben anfreunden. Sie sieht mich als Stararchitekten, der Traumhäuser und gigantische Bauten errichtet, und er sieht einen vernünftigen Beruf, der mich ernähren kann."

„Wo studierst du?", hakte sie nach.

Mark grinste.

„Hier", sagte er. „Als ich den Umschlag entdeckte, mit deinen Fotos, wie du in der Fußgängerzone saßt, vom Campus kamst, in der Mensa, da habe ich sofort einen Transfer beantragt. Ich dachte mir schon, dass es nicht so einfach werden würde, dich zu finden. Unter deinem alten Namen hatte ich dich schließlich schon überall gesucht! Ich bin seit Beginn des Sommersemesters hier. Aber das ich dich heute gefunden habe, war ein Zufall. Ich habe in der Cafeteria überhört, dass Lily Stiehl eines ihrer begehrten inoffiziellen Konzerte am See geben würde. Du hast schon einen guten Ruf, Prinzessin."

„Du kanntest meinen Namen doch gar nicht", erwiderte sie, den alten Kosenamen ignorierend. „Es gibt viele Lilys. Woher wusstest du, dass ich es bin?"

Jetzt grinste er richtig.

„Weil die beiden Mädels, die ich belauscht habe, von Gerüchten aus deiner Vergangenheit sprachen, von einer verbotenen Affäre mit einem Stiefbruder. Wie byronesk, sagten sie. Da wusste ich, du musst es sein."

„Byronesk", wiederholte sie. „Ist das überhaupt ein Wort?"

„Ich glaube nicht. Ich musste erst einmal nachschlagen, wer dieser Lord Byron überhaupt war. Er hatte, man mag es kaum glauben ..."

„Eine Affäre mit seiner Halbschwester", vervollständigte sie. „Ich kenne Lord Byron. Ich meine, ich kenne seine Gedichte."

„Dann hast du mir etwas voraus“, sagte er. „Du hast mir sowieso einiges voraus. Ich habe nämlich keine Ahnung, was damals wirklich geschehen ist, und wohin du verschwunden bist. Willst du es mir erzählen?“

„Ja“, sagte sie. „Aber es ist eine lange Geschichte. Es wird kühl. Magst du mit zu mir kommen?“

Sie wusste nicht genau, warum sie dies sagte – vielleicht, weil sie sichere Wände um sich brauchte, wenn sie Mark von ihrem verkehrten Leben erzählte, von Simon, und denen, die Simon gefolgt waren; oder vielleicht, weil es Mark war, und sie nie genau wusste, wohin die Reise ging, sobald er an Bord kam.

Sein Lächeln wurde strahlend.

„Gerne“, sagte er.

~

Ihr Zimmer im Studentenwohnheim war klein, ein Bett, ein Schreibtisch, und ein Sessel, der ihr auch als Stuhl diente. Sie überließ ihm das schmale Bett und hockte sich in den Sessel, die Füße unter sich, ein wenig verlegen an ihren kurzen Haaren zerrend. Sie redete zunächst, ohne ihn anzusehen, von den fürchterlichen Tagen um Weihnachten herum, dem fremden Vater, der plötzlich so fremden Mutter. Sie sah ihn endlich an, als sie von der Schule berichtete, von ihren oberflächlichen Bekannten, von Simon, und ihrer Entscheidung, mit ihm zu gehen. Mark stellte nur wenige Fragen, unterbrach sie kaum, und schien jedes Wort in sich aufzusaugen. Das ermutigte sie, immer mehr zu erzählen, von ihren ersten Kompositionen, ihren Gehversuchen als Sängerin, dem Kellnern und den Auftritten in der Fußgängerzone – erst mit Simon, später allein.

„*RegenTropfen* war mein erstes Lied“, sagte sie. „Ich singe es immer wieder, weil sie mir den Mund verbieten wollten, weil sie uns verbieten wollten, und ich lasse mir den Mund nicht verbieten.“

Er lächelte schwach.

„So bist du doch noch eine Rebellin geworden, Prinzessin“, sagte er leise.

Sie zuckte mit den Achseln.

„Ich bin unabhängig geworden“, bekannte sie. „Das musste ich, wenn ich nichts mehr von ihr annehmen wollte. Und ich will nichts von ihr. Ich kann sie nicht verstehen. Wie konnte sie mir das antun? Und *warum?*“

„Ja“, antwortete er. „Das hast du schon gesagt. Und dass du verstehen musst, um verzeihen zu können. Aber Lily – sei mir nicht böse. Du hast seit dreieinhalb Jahren kein Wort mehr mit Eva gewechselt. Wie willst du sie verstehen, wenn du sie nicht fragst?“

Das brachte sie zum Verstummen. Tränen stiegen ihr in die Augen, und sie senkte hastig den Kopf.

Er streckte eine Hand aus.

„Komm her“, flüsterte er. „Keine Angst. Ich möchte dich einfach nur halten, nach all der Zeit.“

Sie war zurück in seinen Armen, lag neben ihm, während er sie hielt und sie in sein T-Shirt weinte. Seine Hände strichen durch ihre Haare, über ihren Nacken. Seine Hände waren *wieder da*.

„Du hast mir so gefehlt“, wisperte sie.

„Ich lass dich nie mehr aus den Augen“, schwor er leise.

Sie schlief in seinen Armen ein.

~

Sie wachte auch in seinen Armen auf, am nächsten Morgen, als die Sonne durchs Fenster auf ihr Gesicht fiel. Er war schon wach und schaute sie an.

„Guten Morgen“, flüsterte er, beugte sich vor und küsste ihren Mundwinkel. Er lächelte.

„Guten Morgen“, erwiderte sie und lächelte auch. „Kaffee? Viel mehr kann ich dir nicht anbieten, fürchte ich.“ Sie rollte sich aus seinem Arm, erhob sich und fuhr mit den Fingern durch ihre Haare. Er machte es ihr nach, wobei er sie musterte.

„Du bist viel zu dünn“, sagte er kritisch, „sparst du am Essen?“

„Manchmal?“

„Dann sollte ich dich füttern.“

„Das wäre sehr willkommen“, lachte sie. „Aber Kaffee habe ich dennoch. Dann will ich duschen, und danach darfst du mich vielleicht zum Frühstück ausführen.“

„Gut“, sagte er. „Ich werde duschen, wenn du den Kaffee aufsetzt. Und ich *bestehe* auf Frühstück.“

Sie zeigte ihm das Bad, gab ihm ein Handtuch und lief in die Gemeinschaftsküche. Die Zeiten, in denen er Stunden in der Wanne verbracht hatte, schienen vorbei zu sein, denn Mark war bei ihr, bevor der letzte Tropfen durch die Maschine lief, und stahl ihr die erste Tasse Kaffee.

„Du hast Kontakt zu Eva und Ben“, meinte sie, während sie sich eine zweite einschenkte.

Er hatte sich am Tisch niedergelassen, die feuchten Haare glänzend im Morgenlicht, und sie hielt lieber Abstand. Aber Mark hatte noch nie um den heißen Brei herumgeredet.

„Ja“, sagte er offen. „Ich bin immer mal wieder bei ihnen. In den Semesterferien hat Ben mir schon öfter bei der Suche nach Praktika geholfen. Ich ... ich habe nicht das erlebt, was du erlebt hast, Lily. Und ich konnte meine Kämpfe mit ihnen austragen. Das ist leichter als Schweigen, denke ich, zumindest auf lange Sicht. Ich habe gesehen, wie sie gelitten haben.“

„Du sagst, ich muss mit Eva reden, um sie zu verstehen, um ihr verzeihen zu können“, setzte sie nachdenklich hinzu, die Finger um ihre Tasse gekrampft, wie einen Halt.

„Ich sage nicht, du musst, ich sage nur, es könnte helfen“, berichtigte er.

Sie seufzte.

„Ich bin noch nicht bereit, mit Eva zu reden“, gestand sie. „Ich vermute, dann bin ich auch noch nicht bereit, zu verstehen und zu verzeihen.“

„Das ist in Ordnung“, entgegnete Mark. „Aber darf ich ihnen sagen, dass ich dich gefunden habe?“

„Ich denke, sie wissen, wo ich bin?“

„Ben weiß es. Ich bin mir nicht sicher, ob er es Eva gesagt hat, so fragil, wie sie war. Aber darum geht es nicht. Es geht darum, dass wir uns wieder sehen.“

„Was meinst du mit *wieder sehen*?“, fragte sie argwöhnisch.

Er hob sofort die Hände.

„Ich erwarte nicht, dass wir nahtlos da weitermachen, wo wir vor dreieinhalb Jahren aufgehört haben“, verteidigte er sich. „Aber ich will ein Teil deines Lebens sein. Und ja, ich bin ehrlich. Damals waren wir gerade dabei, einen neuen Schritt auszuprobieren, und man hat uns die Chance dazu genommen. Ich will die Chance zurück.“

Sie errötete unwillkürlich. Sie war nicht mehr die weiche, kurvige Lily mit den langen blonden Haaren, schüchtern und zurückhaltend. Nervös wickelte sie eine der kurzen Strähnen um ihren Finger.

Er sah sie offen an.

„Ich bin hier, Lily“, sagte er, „und ich gehe nicht einfach wieder weg.“

Schließlich nickte sie. Aber sie bat sich aus, ihr Wiedersehen erst noch vor Ben und Eva geheim zu halten.

Sie hatte einfach zu viel Angst, was geschehen würde, wenn diese beiden davon erfuhren.

~

Und so wurde Mark langsam, aber sicher erneut ein Teil ihres Lebens. Er führte sie zum Essen aus, traf sich mit ihr nach Vorlesungen, begleitete sie in den Park oder arbeitete in ihrem Café, wenn sie kellnerte. Er lebte in einer WG, und er lebte nicht schlecht, da er im Gegensatz zu ihr die Unterstützung seines Vaters annahm. Sic wusste, dass sie, wenn er sie einlud oder ihr etwas kaufte, über Umwege doch Evas Geld nutzte, aber es *ging* über Mark, und da war sie bereit, ein Stück von ihrem Stolz zu opfern. Als Resultat war sie nicht mehr so mager, als das Wintersemester begann. Und sie hatte ihre CD aufgenommen, denn Beppo hatte tatsächlich ein Tonstudio gefunden, das sie sich mit einem Zuschuss von ihm und ihren Trinkgeldern leisten konnte.

„Lilystil", sagte Mark, der eines der ersten Exemplare zwischen den Fingern drehte, mit einem stilisierten Lilienstiel darauf. „Ein schöner Künstlername."

„Ich habe ihn ein wenig von Beppo abgekupfert", gab sie zu. „Er nennt sich Beppo Styles, in Anlehnung an Stiehl. Aber Lily Styles passt nicht zu mir. Außerdem bin ich trotz allem nur biologisch seine Tochter. Er ist einfach kein Vater. Es steckt nicht in ihm."

Sie musste an ihre Mutter denken, die all die Jahre eine so behütende Mutter gewesen war, und dann so seltsam reagiert hatte. Sie schluckte, und Mark drückte ihre Schulter.

„Ich sag's ihr jetzt, okay?", meinte er leise, „und ich hätte ... ich hätte gerne ein Exemplar für sie. Sag nicht sofort nein. Denk darüber nach, Lily."

Sie dachte darüber nach. In diesem Winter, als sie zum ersten Mal Auftritte in kleinen Bars bekam und nicht nur kellnern musste, wo der erste Druck ihrer CDs bald verkauft war und sie nachpressen lassen musste, gab sie ihm schließlich nach. Aber es war seltsam, als er über die Feiertage abfuhr – diese fürchterlichen, fürchterlichen Tage, die sie nie mehr gefeiert hatte – und sie wusste, Eva würde es jetzt erfahren, würde erfahren, was aus ihrer Tochter geworden war.

Sie stellte sicherheitshalber ihr Handy aus, bis er wiederkehrte, weil sie nicht riskieren wollte, dass Eva sie über sein Handy anrufen konnte. Als er sie endlich besuchen kam, war sie unsagbar nervös.

Aber Mark lächelte nur und sagte nichts. Und sie brachte es nicht über sich, zu fragen.

~

Im Januar hatte er eine andere Überraschung für sie.

„Hältst du das wirklich für eine gute Idee?“, fragte sie, ihren Löffel zwischen den Fingern hin und her rollend.

„Natürlich“, erwiderte er. „Es ist eine perfekte Idee. Ich brauche einen Mitbewohner. Und du gehst wie ich auf die Prüfungen zu. Also brauchst du ein ruhigeres Zimmer. Martin zieht im Februar aus. Du könntest sofort einziehen!“

„Ich weiß nicht, ob ich mir das leisten kann“, gab sie schwach zu bedenken.

Er hatte natürlich Recht – das Studentenwohnheim war alles andere als ruhig. Irgendwo tobte immer eine Party. Bislang hatte sie das gut geschafft, aber bislang hatte sie auch nicht für den Bachelor lernen müssen. Und jede Verlängerung des Studiums kostete sie mehr Kellnern, mehr Zeit.

Aber mit Mark zusammenleben? Außer diesen leichten Küssen auf den Mundwinkel, die er ihr so gerne gab – und die sie ihm manchmal, wenn sie gut drauf war, genauso gab – war nichts mehr zwischen ihnen geschehen.

Würde *es* geschehen?

Wollte er es?

Wollte *sie*?

„Zahl mir das, was du dem Studentenwerk zahlst", antwortete er sofort. „Ben hat ohnehin meine Bezüge erhöht, als ich ihm sagte ... na, ich sagte ihm, dass ich dir manchmal was zu essen kaufe. Schau mich nicht so an. Ich habe kein schlechtes Gewissen, wenn ich seines ausnutze. Sie *erwarten* von mir, dass ich dich ernähre."

„Dass du mich *ernährst*", wiederholte sie mit hochgezogenen Augenbrauen. „Wie steinzeitlich, Mark Gelhen."

„Es ist eine Win-win-Situation", beharrte er. „Ich brauche einen Mitbewohner, sonst ist es bald aus mit Kuchen und Pizza, Prinzessin. Allein wird aller Überschuss von Ben für die Miete draufgehen."

„Du wusstest schon länger, dass dein Mitbewohner ausziehen will", warf sie ihm vor. „Du hättest dir jemand anderen suchen können. Du kannst dir immer noch jemand anderen suchen."

„Ich will aber niemand anderen", grinste er. „Denk dir doch nur, wie viel einfacher es für mich wird, dich zu ernähren, wenn du bei mir wohnst! Ich brauche bloß den

Kühlschrank aufzufüllen und muss mein Geld nicht mehr in Cafés und Restaurants ausgeben. Au!“

Er wich lachend ihrer Hand aus, mit der sie ihn in die Seite gezwickt hatte. Aber sie lachte inzwischen auch, und sie wusste, er hatte gewonnen.

Im Januar kündigte sie ihr Zimmer im Wohnheim, und Mitte Februar zog sie bei ihm ein.

~

Von nun ab war es normal, dass Mark und Lily sich täglich sahen, dass sie zusammen kochten, zusammen lernten, dass er ihr zuhörte, wenn sie auf ihrem Bett saß und komponierte. Sie unternahm immer noch etwas mit ihren Freunden, sie kellnerte immer noch ein paar Mal, aber das wurde weniger, und bald verdiente sie bloß noch Geld mit ihren kleinen Auftritten und dem Verkauf ihrer CDs, und lernte ansonsten.

Sie hatte nach wie vor nicht verstanden, was sie durch das Psychologie-Studium verstehen wollte, und war allein schon deshalb entschlossen, den Master anzuhängen. Mark plante dasselbe, das wusste sie, wenn er über Berechnungen und Zeichnungen saß, Stile verglich und Statik-Angaben überprüfte. Es war trotz all dem Prüfungsstress, dem Druck und dem ewigen Lernen eine sehr angenehme Zeit.

Und dann, Ende Mai, kurz vor den Prüfungen, ging ihre Gitarre kaputt.

Es war ein hässlicher Riss, nicht zu kitten, und absehbar gewesen, denn sie hatte ein betagtes Instrument gekauft und es nicht geschont. Dennoch brach sie in Tränen aus, vor allem, weil sie wusste, dass sie jetzt unmöglich das zusätzliche Geld für eine neue verdienen konnte. Sie würde kellnern müssen, sobald die Prüfungen vorbei waren, und vorher musste sie ihre Reserven angreifen, um die Miete zu zahlen und zu leben – ganz egal, wie gut Mark sie durchfütterte.

Sie weinte folglich nicht nur um ihre Gitarre, diesen lieben, alten Freund, sondern auch um ihre fragile Unabhängigkeit, ihre Verletzlichkeit, und weil sie einfach müde war, müde von den vergangenen Jahren.

So fand sie Mark.

„Oh Lily, es tut mir leid", flüsterte er, neben ihr sitzend und durch ihre Haare streichend.

„Was tut dir leid?", schluchzte sie.

„Nun, deine Gitarre war dir so wichtig ..."

„Wichtig!", fuhr sie auf – Mark, dieser verwöhnte Bengel, der nicht wusste, wie es war, sich um Geld zu sorgen! „Weißt du eigentlich, wie lange ich Gläser werde schleppen müssen, um mir auch nur eine halbwegs gute kaufen zu können?", blaffte sie ihn durch ihre Tränen an.

Er starrte sie an, dann stand er auf und verließ den Raum. Sie schluchzte heftig auf, und ihre Tränen flossen stärker. Oh, sie wusste ja, sie war ungerecht zu ihm.

Was konnte er denn dafür, dass ihre Mutter sie rausgeworfen hatte, dass sie zu stolz war, von Eva auch nur noch das kleinste bisschen anzunehmen, dass sie von einer Prinzessin zu einer verarmten Straßenmusikerin geworden war?

Sie wollte gerade aufstehen, und sich bei ihm entschuldigen, als er zurückkam und ihr ein Bündel Geldscheine unter die Nase hielt. Verdutzt hob sie den Kopf.

„Was soll das?“, fragte sie verständnislos.

Mark errötete.

„Nimm es“, sagte er. „Es ist ohnehin deins. Es ist ... es ist deine Miete. Ich habe sie nie gebraucht. Ben zahlt mir mehr, seitdem du hier wohnst. Aber ich wusste doch, wie wichtig es dir ist, und ich wollte unbedingt, dass du hier einziehst, und ich ... hey!“

Letzteres hatte er erschrocken ausgestoßen, weil Lily ihn umgerissen und mit ein, zwei Griffen unter sich gebracht hatte. Vor ein paar Jahren hatte sie einmal Geld in einen Selbstverteidigungskurs investiert, der etwas ausgeartet war, und dies schien gut investiert, wenn sie sogar einen Judoka damit überraschen konnte.

„Du!“, sagte sie empört. „Du hast mich ausgetrickst! Du hast mich schon *wieder* ausgetrickst!“

Er starrte sie an, dann grinste er. Ohne Zweifel dachte er plötzlich genauso wie sie an das *erste* Mal, wo sie ihm dies vorgeworfen hatte.

„Es ging nur mit austricksen“, sagte er schamlos. „Du wärst sonst in Panik verfallen.“

Sie errötete auch, in Erinnerung.

„Dieses Geld ist deins!“, beharrte sie. „Ich habe es dir als Miete gegeben!“

„Und ich habe es nicht gebraucht“, erwiderte er. „Ich gebe es dir zurück, damit du dir die beste Gitarre überhaupt kaufen kannst!“

Sie musste plötzlich lachen.

„Dafür reicht das nicht“, gestand sie. „Mark, du ... warum machst du das? Warum ...?“

Er war doch der bessere Nahkämpfer von beiden, denn er hatte sie auf den Rücken und unter sich gedreht, bevor sie wusste, was geschah.

„Weil ich dich einmal verloren habe“, sagte er sehr leise und eindringlich, „und weil ich eine wahnsinnige Angst davor habe, dich wieder zu verlieren, Lillifee, Prinzessin ...“

Sie sagte nichts. Sie sah ihn nur an, sah, wie er seinen Kopf senkte, ganz vorsichtig, ganz behutsam, so untypisch Mark, bis seine Lippen ihre berührten.

Es war wie der Kuss im Bad, einst, vor so langer Zeit, die Chance, die man ihnen genommen hatte.

Lily ließ sich Zeit. Sie wartete ab, passiv zunächst, was er tat, bevor sie begann, seinen Kuss zu erwidern. Sie genoss sein sanftes Suchen, sein zartes Austesten, leichtes Probieren. Dann, allmählich, wurde es heftiger, leidenschaftlicher, und sie drehte ihn schließlich wieder herum, ihre Beine um ihn wickeln.

„Au!“, machte er plötzlich und wich zurück. Der Gitarrenhals hatte sich in seinen Rücken gebohrt.

„Oh“, sagte sie, lachte, aus der Stimmung gerissen, seufzte dann und legte ihren Kopf an seine Brust.

„Sollten wir das tun?“, fragte sie leise, ohne ihn anzusehen. „Ben und Eva ...“

„Ben und Eva wissen, dass sie keine Bedingungen mehr stellen dürfen, wenn ich Teil ihres Lebens bleiben und du eines Tages wieder Teil ihres Lebens werden sollst“, unterbrach er sie streng, „und es ist okay für sie. Lily, ich glaube, damals ist mehr geschehen, als wir wussten. Aber das ist ... selbst, wenn sie es nicht wollten, *ich* will es. Willst du?“

Sie hob den Kopf, stützte ihr Kinn ab und sah ihn an.

„Du bist sehr viel unmöglicher als ich“, behauptete sie.

„Ich bin nicht halb so stolz und stur wie du, und ich bin schon ziemlich stur“, erwiderte er.

„Hm, ich würde meinen, du bist sturer. Wie du dich in mein Leben gemogelt hast ...“

„Ich bin beharrlich. Das ist etwas anderes“, lachte er.

Sie musste auch lachen und legte ihren Kopf wieder auf seine Brust.

„Ich bin froh, dass du so beharrlich bist“, flüsterte sie.

Seine Hand strich langsam durch ihre Haare.

„Lily, Lillifee“, murmelte er.

Seine Finger fand ihr Kinn, bogen es nach oben, bis sein Mund den ihren erreichen konnte.

„Ist das mein neuer Spitzname?“, flüsterte sie unter seinen Lippen.

„Lenk nicht ab“, brummte er und tippte mit der Zunge in ihre Mundwinkel. „Ich will dich küssen, bis du den Verstand verlierst.“

„Wäre das auf lange Sicht nicht ungünstig?“, fragte sie, zwischen Panik und Begehren.

„Oh nein. Dann könnte ich zur Abwechslung einmal dich ans Bett fesseln und mit dir machen, was ich will.“

Die Hitze schoss wie eine Flamme durch sie.

„Ich wusste doch, dass du das willst“, wisperte sie.

„Natürlich will ich das“, murmelte er, drehte sie herum und zog eine heiße Spur ihren Hals hinunter. „Ich will das seit vier Jahren, Lillifee ... aber ich kann warten.“

Er setzte sich plötzlich auf und zog ihr Top zurecht, von dem sie gar nicht bemerkt hatte, dass es so verrutscht war.

„*Warten*?“, wiederholte sie ungläubig.

Mark musste lachen.

„Du müsstest dein Gesicht sehen“, sagte er kopfschüttelnd. „Es ist mir ernst. Es ist mir *wirklich* ernst. Ich bin keine siebzehn mehr und denke nur an die nächste Stellung, Lily-Schatz. Ich will eine richtige Beziehung mit dir.“

„Führen wir nicht längst eine?“, meinte sie nachdenklich und rutschte etwas unter ihm zurecht. „Wir wohnen zusammen, wir kochen zusammen, wir putzen zusammen – das Einzige, was wir nicht tun, ist, miteinander zu schlafen.“

„Wovon übrigens die ganze Welt ausgeht“, setzte er hinzu. „Ich wette mit dir. All deine Freunde haben die Gerüchte gehört. Eva und Ben werden nichts anderes denken, seitdem ich ihnen sagte, dass du bei mir einziehen würdest.“

„Wahrscheinlich“, gab sie ihm Recht. „Warum also willst du dann warten?“

Er schaute sie an, als hätte sie gar nichts verstanden.

„Weil ich will, dass du dir sicher bist“, sagte er so geduldig wie möglich, „weil ich will, dass du *mich* willst.“

Sie konnte kaum fassen, was sie hörte.

„Mark“, sagte sie, streckte ihre Hand und fuhr von seiner Schläfe zu seinem Mund, über seine Lippen zu seinem Hals, „von dem Moment an, wo du zu mir unter die Dusche gekommen bist, habe ich dich gewollt. Und damit habe ich nie aufgehört.“

Er starrte sie einen Augenblick lang, als sei er nicht sicher, richtig gehört zu haben. Aber dann lachte er auf, glücklich, erleichtert, wie befreit, und riss sich das T-Shirt über den Kopf, bevor er hinabtauchte zu ihr und ihr alle weiteren Worte aus dem Mund küsste.

Es schepperte, als der kaputte Gitarrenhals auf dem Boden landete. Mark hob ihre Arme über ihren Kopf.

„Hoch!“, forderte er. „Weg!“

Er zog an ihrem Top.

„Die Gitarre ...“, stammelte sie, während er das Kleidungstück und den BH darunter gleich mit entfernte.

„Ich kauf dir eine neue“, sagte er ungeduldig und drückte seine Lippen auf ihre Brust, leckte, saugte und knabberte, bis sie ihre Hände in seine Haare schob, seinen Kopf zu sich holte und sein Knie sich zwischen ihre Beine presste. Diesmal küsste sie ihn, als ob ihr Leben davon abfing, schob ihre Finger über seinen Rücken, hinunter und hinein in seine Jeans, bis sie weiche Haut über festen Muskeln spürte und zufassen konnte.

„Oh“, keuchte er. „Ich muss, ich will ...“

Er setzte sich auf, öffnete ihre Jeans, zog sie herunter und öffnete gleich den Verschluss an seiner, als ob er den Druck nicht mehr ertragen würde. Mit verschleierten Augen starrte er auf ihre Unterwäsche.

„Ich wollte dies anders“, murmelte er, „langsam, behutsam, liebevoll ...“

„Langsam?“, wiederholte sie, glitt mit ihren Fingern über ihren Hals, durch das Tal zwischen ihren Brüsten, über ihren Bauch, bis zum Rand ... Er schnappte ihre Hand und riss sie weg.

„Nein“, sagte er vehement. „Meins, diesmal. Diesmal meins!“

Dann war auch ihr Höschen fort, und sein Kopf zwischen ihren Beinen.

Über vier Jahre. Über vier Jahre war es her, dass er sie berührt hatte, und Himmel, wenn Mark eines besaß, dann eine talentierte Zunge. Sie kam so schnell und heftig, dass es sie völlig überraschte. Wie der Blitz war er wieder oben, küsste sie, während ihre Hände und Füße an seiner Hose arbeiteten, sie über seine Hüften schob, zu seinen Knöcheln und er sie wegschleudern konnte. Dann sprang er auf.

„Kondom“, sagte er hektisch. „Kondom, Kondom ...“

Er war raus aus ihrem Zimmer, in seinem verschwunden und sofort wieder zurück, das Päckchen schon unterwegs aufreißend. Sie sah, wie er zitterte, als er sich vor sie auf die Decke kniete. Sie richtete sich auf.

„Lass mich“, flüsterte sie, half ihm, fasste mit an, und legte sich dann wieder zurück, ihre Beine über seine Schenkel schiebend, ihre Knöchel hinter seinem Rücken. Sein Atem ging schnell und abgehackt, als er ihre Hüften umfasste und sie auf sich zog.

Es wäre kitschig gewesen zu sagen, dass es wie Heimkommen war, und dennoch war es so. Sie brauchten nicht lange. Ein paar Stöße nur, die er mit ihrem Gesäß in seinen Händen ausführte, bevor er sie losließ, auf sie fiel und rasch und heftig die Kontrolle verlor. Es war das erste Mal, dass er hierbei kam, ohne er sie mitgenommen hatte. Aber anstatt sich zu beschweren, erfüllte sie ein warmes, liebevolles Gefühl, eine Mischung aus Verständnis, Mitgefühl mit seinem Drängen, seiner Verzweiflung, und Dankbarkeit für die Erfüllung, die er in ihr fand.

Sie war sich nicht sicher, aber sie glaubte, es war Liebe.

~

„In meiner Fantasie“, sagte Mark, „war dies ganz anders.“

„Tatsächlich?“, murmelte sie.

Sie lagen nebeneinander, die letzten Kleidungsreste abgestreift, er auf dem Rücken, sie an ihn gekuschelt, die Decke über ihnen. Es war warm und gemütlich, und sie wollte nirgendwo anders auf der Welt sein.

„Oh ja“, seufzte er. „In meiner Fantasie habe ich dich langsam und mit Bedacht verführt, nach einem romantischen Abendessen, vielleicht ein paar Kerzen, etwas Wein, gute Musik ... stattdessen bin ich über dich hergefallen, als wäre ich wieder siebzehn. Nein, ich korrigiere mich – es war schlimmer als mit siebzehn. Da hatte ich mich besser unter Kontrolle.“

„Mit siebzehn“, korrigierte sie, „hast du mich berührt, wann immer du konntest, und dich daran erregt mich zu erregen. Ist das Kontrolle?“

„Hm, ich war gut darin, oder?“, sagte er selbstzufrieden. „Und ich habe dich nie vor allen Leuten über einen Tisch gebeugt, obwohl ich mir das manches Mal vorgestellt habe. Ich habe immer gewartet, bis wir allein waren. Das *ist* Kontrolle.“

„Aber du wusstest auch, dass du mich immer und überall haben konntest, vorausgesetzt, wir waren allein“, meinte sie. „Dies war das erste Mal, nachdem wir schon Monate zusammenwohnen. Sei nicht so streng mit dir.“

„Dies war das erste Mal, seitdem ich weiß, dass ich dich liebe“, flüsterte er. „Ich glaube, das hat meine Kontrolle gestohlen.“

Sie küsste seine Haut.

„Dann wusste ich das vor dir“, wisperte sie.

„Tatsächlich?“ Er drehte ihr Kinn, bis sie ihn ansah. „Wann wusstest du es denn?“

„Ich glaube“, sagte sie ehrlich, „das erste Mal hatte ich den Verdacht, als wir ohne Kondom Sex hatten.“

„Aber das war ja ...“

„Ziemlich in der Mitte unserer Affäre, ja.“

Er musterte sie.

„Und du hast nichts gesagt?“

Sie lächelte schwach.

„Ich war siebzehn, Mark“, erinnerte sie ihn. „Ich wollte nicht, dass es aufhört. Und ich war mir nicht sicher. Es war nur ... dein Gesicht. Du hast so schön ausgesehen.“

„Hm“, machte er. „Ich muss zu meiner Schande gestehen, ich habe nicht einmal darüber nachgedacht, bis zu diesem letzten Abend. Da warst du so lieb, und gleichzeitig wie eine Göttin. Du warst plötzlich so erwachsen und ich dir einfach ausgeliefert.“

„Und das hast du genossen.“

„Da habe ich gewusst, dass ich dir alles anvertrauen kann“, korrigierte er. „Es war ein grausamer Schicksalsschlag, dass ich das gleich am nächsten Tag wieder verlor. Und alles nur wegen dieser blöden Tür.“

Sie schmiegte ihre Wange an ihn.

„Wenn die Tür nicht gewesen wäre“, sagte sie gedankenverloren, „wenn ich Beppo nie kennengelernt hätte, und Simon, dann hätte ich vielleicht nie angefangen, Lieder zu schreiben. Wenn ich dich nicht erst verloren hätte, würde es meine besten Lieder gar nicht geben.“

„Nun ja, was wir nicht gekannt hätten, hätten wir nicht vermisst ...“, brummte er.

Sie lachte leise.

„Aber jetzt bin ich dankbar“, bekannte sie, „und du magst meine Lieder, oder?“

„Mögen? Du bist großartig, Lilystil“, widersprach er. „Was mich daran erinnert, dass wir jetzt aufstehen sollten, wenn wir noch eine Gitarre kaufen wollen.“

„Jetzt? Ich stehe jetzt nicht auf“, protestierte sie, „vergiss es.“

„Irgendwann müssen wir aber etwas essen, sonst fällst du mir noch vom Fleisch ...“

Er brach ab und stöhnte leise, als Lily sanft in seine Brustwarze biss, während ihre Hand unter der Decke nach ihm tastete.

„Später“, flüsterte sie, „dazu ist später noch Zeit.“

Mark widersprach nicht weiter.

~

Es dauerte in der Tat noch zwei Tage, bis sie es aus der Wohnung hinaus in einen Gitarrenladen schafften, und das geschah auch nur, weil Lily am Wochenende einen Auftritt hatte und das neue Instrument vorher zumindest ein wenig kennenlernen wollte – einmal ganz abgesehen davon, dass sie in diesen zwei Tagen mit ihren Aufgaben völlig ins Hintertreffen geraten waren. Er hatte darauf bestanden mitzukommen, obwohl er zugab, von Instrumenten gar keine Ahnung zu haben. Sie hatte zumindest etwas von Beppo sowie Simon und dessen Freunden gelernt.

Und so stand sie auch stirnrunzelnd vor der Wand mit den mittelpreisigen Akustikgitarren, während Mark durch den Laden geisterte. Der Besitzer hatte bald erkannt, dass sie die wahre Kundin war, und trat zu ihr, um sie nach ihren Wünschen zu fragen. Sie kam schnell an das Ende ihrer Fachbegriffe, und entschied schließlich, auf seinen Rat hin, ein paar der vom Preis her in Frage kommenden Instrumente auszuprobieren. Sie spielte die erste Strophe von *RegenTropfen* auf einer, runzelte die Stirn, nahm die nächste.

„Hey, Lillifee!“, rief Mark und hielt grinsend eine pinke E-Gitarre hoch.

Sie schüttelte lachend den Kopf.

„Komm lieber her, Prinz, und sag mir, welcher Klang dir gefällt!“, forderte sie ihn an.

Der Verkäufer hatte sie genau beobachtet und ihr gut zugehört.

„Lily, was?“, meinte er. „Du bist doch nicht Lilystil, Beppo Styles‘ Tochter?“

„Sie kennen meinen Vater?“, sagte Lily verblüfft, während Mark das Kinn auf ihre Schulter stützte und den Mann streng musterte.

„Oh doch“, sagte der Mann. „Wir haben zusammengespielt, in meinen alten Tagen, als ich noch in der Band war. Das war, bevor ich den Laden aufgemacht habe. Beppo soll es ja immer noch versuchen, was?“

Er wies mit dem Kopf zu einer alten Plattenhülle, die über dem Tresen angebracht war. Mark hob den Kopf und legte ihn schief.

„Styles and songs“, las er laut vor.

Auf dem Cover sah man ein paar langhaarige junge Männer mit Instrumenten in der Hand.

„Mein Name ist Gesang“, setzte der Mann erklärend hinzu.

„Eine E-Gitarre?“, sagte Lily erstaunt. „Mein Vater hat E-Gitarre gespielt?“

„Eine Zeitlang“, sagte Herr Gesang. „Wir wollten Rocker werden. Es hielt nicht lange an. Beppo schwängerte einen unserer Fans und machte sich vor Schreck aus dem Staub. Das weißt du vermutlich, was, Kind?“

„Dass er sich auch dem Staub machte, ja“, seufzte sie, „und dass meine Mutter es nicht leicht hatte, auch.“

„So war er halt“, sagte Herr Gesang. „Beppo ist einfach niemand für Familie. Aber er hat mich vor einiger Zeit angerufen und gesagt, dass du in der Stadt bist, dass ich die Augen nach dir aufhalten soll. Ich habe mich schon gefragt, wann du hier auftauchst.“

„Bislang hatte ich eine Gitarre“, erklärte sie, „und ich habe nicht viel Geld. Jetzt ist sie kaputt. Ich brauche Ersatz.“

Herr Gesang kniff die Augen zusammen.

„Beppo hat nicht gerade gut für dich gesorgt, oder?“, fragte er leise.

Lily hob das Kinn.

„Beppo hat getan, was er konnte“, meinte sie stolz. „Ich komme zurecht.“

„Hm“, machte er, und griff hinter sich. „Hier, probiere die mal. Und mach dir keine Sorgen, ich gebe dir Rabatt. Um alter Zeiten willen, und alter Idioten.“

~

„Ich bin eifersüchtig“, sagte Mark an diesem Abend, als Lily immer noch mit verklärter Miene über ihr neues Instrument strich. „Du bist frisch verliebt, und das nicht in mich.“

Sie sah auf und lachte ihn an.

„Dich liebe ich doch auch“, sagte sie leichthin. „Mein Herz ist groß genug für euch beide. Sieh dir doch nur mal diesen Glanz an! Und hör, wie sie klingt!“

Er stand auf, hockte sich hinter sie und schlang ihre Arme um sie, ihre Schulter küssend.

„Wundervoll“, murmelte er in ihre Haare, „und ja, übrigens, ich liebe dich ebenfalls.“

Sie legte ihren Kopf gegen seinen.

„Ich weiß“, flüsterte sie glücklich, zärtlich über den Hals der Gitarre fahrend. „Ich weiß.“

Aber erst, als er anfing, ihre Brüste zu streicheln und seine Hände unter ihr Top schob, war sie bereits, die neue Gitarre sicher in ihrer Halterung zu verstauen und sich anderen Dingen zuzuwenden.

~

Das Leben konnte nicht immer so süß weitergehen, dazu rückten die Prüfungen in viel zu bedrohliche Nähe. Lily hatte zwar einen wunderbaren, triumphalen Abend, wo sie in der Bar auftrat und alle in ihren Bann zog – sie schob es auf den Klang des neuen Instrumentes, Mark auf ihr Strahlen – doch danach waren die Bücher dran, und nichts als die Bücher. Selbst ihr wieder aufgenommenes Liebesleben musste dran glauben, wenn Klausuren und Abgabefristen drohten. Lily, immer noch die Selbstfinanzierung vor Augen, gestattete sich kein verschwendetes Semester, und Mark, der ansonsten die Dinge vielleicht leichter angegangen wäre, wollte ihr nicht nachstehen. Zwei Wochen lang sahen sie sich praktisch nur zum Essen und Schlafen – und mit Schlafen war gemeint, dass sie nebeneinander in Marks großem Bett schliefen, und nicht miteinander.

Aber dann war die letzte Arbeit abgegeben, die letzte Prüfung bestanden – und vor ihnen lagen die Ferien.

„Was willst du tun?“, fragte Mark.

Sie hatte noch nie den Luxus gehabt, wirklich über Ferien nachzudenken. Dank Bens Großzügigkeit hatte sie nicht an ihr Erspartes gehen müssen, und wenn sie Marks verliebte Augen so ansah, war sie sich ziemlich sicher, auch noch länger in den Genuss von freier Kost und Logis zu kommen. Es reichte, wenn sie etwas Geld mit Auftritten verdiente. Sie brauchte nicht den Sommer über zu kellnern.

Was wollte sie also tun?

Mark, so vermutete sie, hoffte insgeheim, dass sie mit nach Hause fahren würde. Ben und Eva waren nicht zur Bachelor-Feier gekommen, sicherlich auf seinen Wunsch hin, und es rührte sie irgendwie. Aber sie war sich immer noch nicht sicher, ob sie zurück in das Haus wollte, aus dem man sie geworfen hatte, zurück zu der Frau, die sie einem Mann gegeben hatte, von dem sie wusste, er besaß kein Interesse an seiner Tochter.

Letzteres hingegen hatte sich geändert.

„Ich würde gerne Beppo besuchen", meinte sie spontan. „Ich fände es toll, wenn du mitkämst."

„Deinen Vater?", fragte er erstaunt.

Sie grinste ihn an.

„Glaub mir", sagte sie vertraulich. „Er ist ganz und gar nicht väterlich veranlagt. Aber er gibt mir Tipps für meine Lieder, und du kannst dir den Dom anschauen, und was du sonst für architektonische Highlights findest."

„Nun gut", meinte er achselzuckend, „gibt schon das eine oder andere, was ich mir angucken könnte. Und neugierig bin ich auch, wo du so gewohnt hast. Also dann. Fahren wir hin!"

~

„So", machte Beppo und schob die Brille auf seine Stirn, während er Mark von oben bis unten musterte, „du bist also dieser *Junge*."

Lily wäre vor Lachen fast geplatzt.

„Du willst jetzt aber nicht den Vater raushängen lassen, oder, Beppo?", spottete sie.

„Weiß nicht", murmelte ihr Vater. „Ich habe so wenig Erfahrung damit. Du bist meine einzige Tochter."

„Die einzige, von der du weißt", neckte sie ihn. „Ärgere Mark nicht. Er hat meinetwegen genug gelitten."

„Du seinetwegen aber auch", brummte Beppo und erstaunte sie damit maßlos.

Mark grinste sie verstohlen an, als sie ihre Taschen in Lilys altes Zimmer stellte – oder besser, Beppos Reservezimmer, in dem seit Lily zumindest ein Bett stand.

„Scheint, als ob er doch noch väterliche Gefühle entwickelt, was?", witzelte er. „Ich hoffe, er hat keine Schrotflinte. Sieht er nicht ein wenig aus wie jemand mit einer Schrotflinte?"

„Er ist ein Musiker, kein Jäger", sagte Lily irritiert, „und er soll sich bloß hüten, den besorgten Vater rauszukehren!"

„Ich schätze, er ist stolz auf dich", meinte Mark lachend, „und deswegen wird er auch ein wenig besorgt sein. Aber zieh die Stirn nicht so in Falten. Er wird mich mögen, bestimmt! Und wenn nicht, gehe ich ihm einfach aus dem Weg."

Beppo schien nach anfänglicher Brummigkeit tatsächlich Mark gegenüber aufzutauen, und Mark hingegen hielt sein Versprechen und zog tagsüber meistens allein los, während Lily und ihr Vater in der sonnenlichtdurchfluteten Altbauwohnung saßen und musizierten, sich gegenseitig inspirierten und antrieben.

Beppo überraschte sie erneut, als er ihr ein Lied vorspielte, das er für sie geschrieben hatte. Im Gegensatz zu ihr sang er auf Englisch und spielte es ihr das erste Mal vor, als sie allein waren. Sie bestand darauf, dass er es am Abend, nach Pasta und Wein, auch Mark vorsang, weil sie niemals die Worte gefunden hätte, um ihm zu erklären, was dies für sie bedeutete.

Suddenly
She was there
Eyes like tears
Pale blond hair
Light inside my dark

Suddenly
She appeared
Showed me that
Where I stood
All around was dark

And her light
Shoved away
Darkness I'd forgot
Painted sun
Painted light
All across my dark

„Lily", flüsterte Mark an diesem Abend, als sie in seinen Armen lag. „Er mag kein klassischer Vater sein, aber er liebt dich."

„Ja", antwortete sie, mit den Augen dem Spiel von Mondlicht und Wolken folgend, „vielleicht sollten wir tun, was du vorgeschlagen hast. Vielleicht sollten wir wirklich ein gemeinsames Album aufnehmen."

„Ich glaube, das würde ihn freuen", meinte er sanft.

~

Beppo zeigte seine Freude nicht direkt, aber sie verlängerten ihren Aufenthalt, und er setzte Himmel und Hölle in Bewegung, um ihnen einen Platz in einem Tonstudio zu besorgen. Sie schrieben noch ein paar weitere Lieder zusammen, texteten einige von ihr zu Duetten um, arrangierten einige von ihm neu, so dass sie zu Lilys Stil passten, und hatten so ein nettes kleines Repertoire, als Lily und Mark Ende September noch einmal kamen, um das Album aufzunehmen.

Styles & Stil tauften sie es, und Mark bekam das erste Exemplar. Beppo war so stolz, dass er darauf bestand, Lilys eigene Platte noch einmal aufzunehmen, mit der besseren Gitarre, ein paar Nachjustierungen und drei neuen Liedern, einem davon von ihm. Jetzt hatte sie zwei Alben, die sie während ihrer kleinen Konzerte verkaufen konnte, und er fügte gleich beide seiner Sammlung hinzu.

Aber als Mark im August für ein paar Tage zu Ben und Eva fahren wollte, und Lily fragte, ob sie mitkommen wollte, da brachte sie es immer noch nicht über sich. Er zwang sie nicht, nahm jedoch ihre Schultern in beide Hände, sah sie sehr ernst an und meinte: „Irgendwann, Lily-Liebes, musst du dich ihr stellen. Du musst, und du weißt es. Beppo hat Recht. Es wird sonst für den Rest deines Lebens an dir fressen.“

Sie wusste es.

Aber sie fand die Kraft nicht in sich, immer noch nicht.

~

Das Masterstudium – zudem beide gottlob zugelassen wurden, in ihren jeweiligen Fächern – begann für Lily zunächst recht angenehm. Zum ersten Mal seit ihrem Auszug arbeitete sie nicht mehr, bis sie todmüde ins Bett fiel, und musste sich weder um Essen und Miete sorgen. Sie hatte zwei Alben, die sich immer besser verkauften, und konnte regelmäßig auftreten. Ihre kleine Fangemeinde wuchs, und mit Mark hatte sie einen aufmerksamen und liebevollen Freund. Sie hätte also glücklich sein können.

Dass sie es nicht war, lag daran, dass Mark inzwischen immer häufiger Anrufe bekam, bei denen er das Zimmer verließ. Auch wenn sie nicht lauschen wollte, konnte sie seinem Tonfall durch die Wände vernehmen, dass er zu beruhigen versuchte, und dass ihm dies schwerer und schwerer fiel. Sie ahnte, wer da am anderen Ende der Leitung Druck aufbaute, und sie bekam die ungewisse Angst, dass man wieder versuchen würde, ihn ihr wegzunehmen. Sie verarbeitete dies in einem neuen Lied, welches sie Anfang Dezember zum ersten Mal öffentlich sang.

Es war auch das erste Mal, dass Mark es hörte, und er sah auf dem Heimweg sehr nachdenklich aus. Sie wusste, dass er ein paar Mal an den Wochenenden nach Hause gefahren war, denn er machte keinen Hehl daraus, obwohl weder Evas noch Bens Name fielen. Und Weihnachten rückte näher, dieses Fest, das sie seit ihrem achtzehnten Lebensjahr hasste.

So war es nicht verwunderlich, dass er eines Abends in ihrer Wohnküche sein Buch weglegte, sie ansah und sagte: „Lily, wir müssen reden.“

Sie geriet prompt in Panik.

„Nicht an Weihnachten“, protestierte sie sofort. „Ich kann nicht Weihnachten dorthin, nicht, nachdem sie mich zwei Tage davor rausgeworfen hat, das ... das kann ich nicht, Mark. Ich kann nicht ...“

Sie biss sich auf die zitternden Lippen und kämpfte gegen ihre Tränen. Er kam herum, zog sie vom Stuhl auf seinen Schoß und legte beide Arme um sie.

„Das verstehe ich ja“, flüsterte er an ihrem Ohr. „Aber es wird immer schwerer für Eva. Sie hat alles getan, um was ich sie gebeten habe, und Ben sagt ... manchmal möchte ich sie anschreien, dass sie dich nicht hätten so behandeln dürfen, aber dann sehe ich sie wieder vor mir, in diesem Sommer, und meinen Vater, der heimlich alle Messer versteckte, und Lily, dann habe ich Mitleid. Willst du nicht ... willst du nicht wenigstens darüber nachdenken? Vielleicht ein Telefonanruf? Und was willst du Weihnachten machen? Allein hierbleiben? Von mir verlangen, dass ich auch hierbleibe und sie allein lasse?“

„Sie sind reich“, stieß Lily aus, „sie können wegfahren, wenn sie es daheim nicht aushalten! Ich kann dieses Fest nicht feiern!“

Mark holte tief Luft.

„Also gut“, gab er nach. „Ich bitte sie wegzufahren, und wir bleiben hier. Darf ich ihnen dann wenigstens sagen, dass du darüber nachdenkst? Lily, ehrlich, wenn ich nicht bald etwas Positives berichten kann, wird Eva irgendwann hier vor der Tür stehen. Und dann geschieht es zu ihren Bedingungen, und nicht zu deinen.“

„Warum will sie mich überhaupt sehen?“, flüsterte Lily verzweifelt, „sie wollte mich doch damals auch nicht mehr!“

„Das“, seufzte er, „muss sie dir selbst erklären. Gib ihr eine Chance, Prinzessin. Denk an das, was dein Vater dir gesagt hat. Willst du dies ewig mit dir herumschleppen?“

Sie lehnte ihren Kopf gegen seinen.

„Wenn ich nur mehr wie du wäre“, murmelte sie.

Er lachte leise und küsste ihre Schläfe.

Sie holte tief Luft.

„Sag es ihr“, murmelte sie, „sag ihr, ich denke darüber nach. Und sei es nur, um sie von meiner Schwelle fernzuhalten.“

„Danke, Lillifee“, erwiderte er schlicht.

~

Sie dachte darüber nach. Jetzt, wo Mark es so offen angesprochen hatte, beschäftigte sie kaum etwas anderes mehr. Weihnachten schlossen sie den Kompromiss, ein schönes Essen zu kochen, aber verzichteten auf alle Deko, die Lily nicht sehen wollte, und um die Mark sich nicht scherte. Sie genossen die freien Tage zu zweit. An Silvester hatte sie einen Auftritt, war aber gegen dreiundzwanzig Uhr fertig und konnte, warm eingemummelt, mit Mark das Feuerwerk über dem See bestaunen.

„Weißt du, dass ich nicht einen einzigen Spitznamen für dich habe?“, dachte sie laut nach. „Du hast Hunderte für mich. Prinzessin, Lillifee, Lily-Maus, Lily-Schatz, Lily-was-auch-immer ...“

„In der Tat“, bekräftigte er. „Hin und wieder nennst du mich Prinz, aber ich bin nicht sicher, ob das nicht als Beleidigung gemeint ist. Du könntest dir wirklich mehr Mühe um mich geben!“

Sie drehte sich in seinen Armen um und ließ eine Hand, ungesehen in der Dunkelheit und den warmen Mänteln, zwischen seine Beine gleiten.

„Oh, mein Prinz“, schnurrte sie. „Ich werde mir Mühe um dich geben, später, wenn du dich mir anvertraust, wenn du es wagst ...“ Sie spürte, wie hart er wurde und musste lächeln.

Mark räusperte sich erst, bevor er sprach.

„Ich bestehe darauf“, sagte er rau. „Ich *bestehe* darauf.“

Dies Versprechen hielt sie dann auch.

Und es blieb nicht das einzige Versprechen, was sie hielt.

~

Der Schnee lag hoch Mitte Januar, und das Haus vor ihnen war hell erleuchtet, als Mark das Auto auf die Auffahrt rollte. Lily starrte die Lichter an.

„Wusstest du, dass sie heute eine Party feiern?“, fragte sie mit trockenem Mund.

„Nein“, gestand er. „Ich habe ihnen nichts gesagt. Sie feiern doch überhaupt keine Partys mehr, ich verstehe nicht ganz, warum ...“

„Da sind ganz viele Leute!“, sagte sie entsetzt. „Was feiern sie denn?“

Er sah sie an, und dann schlug er sich mit der Hand vor den Kopf.

„Ich Idiot“, sagte er. „Es ist ihr Hochzeitstag. Erinnerst du dich nicht mehr? Heute vor sechs Jahren haben sie geheiratet! Letztes Jahr konnten sie nicht feiern, aber sie wollten es dieses Jahr nachholen. Das ist diese Party!“

„Ihr Hochzeitstag?“, sagte sie voller Panik. „Mark, da können wir nicht rein. Lass uns fahren, schnell. Es werden alle da sein, und ...“

Die Tür öffnete sich, Ben erschien darin und winkte begeistert.

„Mark!“, brüllte er, „Eva, Mark ist hier!“

„Da ist mein Vater“, flüsterte Mark, „Lily, ich kann jetzt nicht einfach gehen. Ich kann nicht, verstehst du? Das kann ich ihm nicht antun, das kann ich nicht ...“

Er schnallte sich ab, schaute sie verzweifelt an, und huschte aus dem Auto.

Lily blieb wie erstarrt sitzen, sah zu, wie Ben seinen Sohn glücklich umarmte, wie eine weitere Gestalt in der Tür erschien, vor der Kälte zurückzuckte und die Arme um sich schlang. Ben wollte Mark zu ihr ins warme Haus ziehen, aber sein Sohn blieb stehen.

Sie wusste, sitzenzubleiben war keine echte Alternative. Also riss sie sich zusammen, löste ihren Gurt, öffnete die Tür und stieg langsam aus. Wie die Frau in der Tür schlang sie schützend ihre Arme um sich. Im Licht der Lampen konnte sie erkennen, wie Bens Mund sich öffnete.

„*Lily*“, flüsterte er.

Die Frau in der Tür sackte gegen den Rahmen, als wären ihre Beine schwach geworden.

„Geh“, sagte Mark hastig. „Geh zu Eva, Ben. Lily und ich kommen gleich nach. Geh schon, es ist kalt, und sie soll nicht fallen.“ Er gab seinem Vater einen Stoß, worauf dieser sich wie automatisch zu seiner Frau umwandte.

Mark drehte sich zu Lily, Verzeihung heischend.

„Es tut mir so leid“, sagte er flehend. „Ich hätte daran denken sollen. Lily, Liebes, wir können ... wir können auch wieder fahren. Aber wenn du es über dich bringst, hineinzugehen, wenn du nur für eine halbe Stunde ... ich glaube, du weißt nicht, was dies Eva bedeuten würde.“

Lily starrte auf die offene Tür, wo Ben seine Frau inzwischen an sich gezogen hatte – diese Tür, die sie vor über fünf Jahren im Schock verlassen hatte. Es wäre ihr schwergefallen, das Haus unter normalen Umständen zu betreten, aber so, mit all diesen Leuten, mit denen, die sie damals von hier fortgetrieben hatten, mit ihren Gerüchten, ihren gehässigen Bemerkungen, ihren Gemeinheiten ...

Ein Gedanke durchzuckte sie.

Jetzt erst recht ...

Jetzt erst recht!!

Sie straffte sich, hob ihr Kinn.

„Wir können nicht wieder fahren“, erklärte sie, „und wenn das Haus voller Leute ist, wird es wenigstens kein Geschrei geben. Gehen wir. Aber nimm meine Hand. Sie sollen wissen, auf was sie sich einlassen!“

Mit funkelnden Augen streckte sie ihm ihre Finger entgegen. In Marks Gesicht erblühte ein Lächeln, er griff ihre Hand und küsste den Rücken.

„Gehen wir“, sagte er, „und keine Sorge! Ich werde jede Sekunde an deiner Seite sein!“

Ben und Eva hatten die Tür freigegeben, vielleicht, weil Eva zu sehr zitterte und Ben sie dazu gezwungen hatte. Aber beide schauten sie an, als Mark und Lily hineintraten, Hand in Hand, entschlossen.

„Lily“, flüsterte ihre Mutter.

Lily nickte ihr zu.

„Eva“, grüßte sie. „Ben.“

Sie zog ihre Mütze von den kurzen Haaren und machte deutlich, dass es eine innige Umarmung nicht geben würde. Mark nahm ihr die Jacke ab, und da waren sie auch schon von den Gästen entdeckt worden. Irgendjemand murmelte: „Ist das nicht Lily?“ Und ein anderer: „*Lily* ist hier?“

Lily hob das Kinn noch höher und biss die Zähne aufeinander.

Ben räusperte sich.

„Lily, Mark!“, sagte er so herzlich wie möglich. „Was für eine wundervolle Überraschung! Kommt doch herein! Wir haben euch nicht erwartet!“

„Ja bitte“, wisperte Eva. „Kommt herein. Komm, Lily, bitte.“ Sie machte eine Bewegung zum Wohnzimmer hin, und Lily, Marks Finger fest umklammernd, betrat den Raum.

Möbel waren zur Seite gerückt, um Platz für die Party zu schaffen, die Vorhänge anscheinend erneuert, aber es war immer noch derselbe Raum, in dem ihre Mutter ihr fünf Jahre zuvor eröffnet hatte, dass sie von nun an bci ihrem unbekannten Vater leben würde. Der Raum war voller Menschen – Menschen, die sie teilweise kannte, teilweise noch nie gesehen hatte, und teilweise nicht sicher zuordnen konnte. Hier und jetzt würde es keine Erklärungen von Eva geben, so viel war klar. Hier und jetzt hieß es, mit erhobenem Haupte das Spießrutenlaufen zu überstehen.

Aber seltsam – auch wenn einige Blicke unverhohlen neugierig oder sogar sensationslüstern waren, gab es auch viele, die freundlich lächelten. Eine alte Bekannte ihrer Mutter, umarmte sie sogar spontan und sagte warmherzig: „Wie schön, dass du gekommen bist, Lily! Und wie schön du singst!“

Mark nahm von irgendwo ein Glas Sekt und drückte es ihr in die freie Hand. Ben schien ein Stichwort gehört zu haben, denn er eilte nach hinten, wo der DJ stand, und flüsterte hastig auf ihn ein. Kurz darauf drehte er sich um und rief laut, Eva dicht neben sich: „Liebe Freunde! Wir sind so froh, dass ihr heute mit uns feiert! Und wie ihr vielleicht bemerkt habt, haben wir auch einen besonderen Gast, den wir schon lange entbehren mussten – Evas Tochter Lily ist da. Für die unter euch, die es noch nicht wissen: Lily schreibt Lieder und singt und hat bereits mehrere Alben veröffentlicht. Ich finde, ihr solltet alle hören, wie gut sie ist, und wie stolz wir auf sie sind!“

Lily fiel fast das Kinn auf die Brust. Das hatte sie von Ben bestimmt nicht erwartet! Sie nahm hastig einen Schluck aus dem Glas.

Er würde doch nicht etwa ...

Doch. Der DJ spielte *RegenTropfen*, und zwar in der neuen Variante, von ihrer CD mit ihrem Vater. Sie drückte Marks Hand fast zu Brei, während aus den versteckten Lautsprechern der Soundanlage ihre eigene Stimme klang, mit diesem provokativen Text.

Regen
Tropfen
Fallen auf uns herab
Und deine Hand in meinem Haar
Und deine Hand auf meiner Haut
Eröffnet mir die Welt

Doch was verboten
Ist nicht erlaubt
Wenn auch nicht logisch
Wirds mir geraubt
Und ihr Willen zählt so viel mehr
Als wir
...

Sie musste die Augen schließen. Mark zog sie dicht an sich, schlang beide Arme um sie und wiegte sich mit ihr im Rhythmus der Gitarre. Sie öffnete die Augen erst wieder, als das Lied vorbei war. Naturgemäß gab es einen kleinen Applaus, und sie war nicht ganz sicher, aber meinte zu sehen, wie ihre Mutter eine Träne von ihrer Wange wischte.

Der zweite Track auf dem Album war Beppos Lied, für sie, und als seine Stimme den Raum erfüllte, rief jemand lachend: „Das ist aber nicht Lily!“

„Nein!“, sagte Eva mit Nachdruck und lauter, als Lily ihr dies zugetraut hatte. „Das ist ihr Vater, und er hat dieses Lied für sie geschrieben!“

„Suddenly, she was there”, sang Mark leise mit, an ihrem Ohr, *„eyes like tears, pale blond hair, light inside my dark ...”*

Jetzt konnte sie nicht anders, sie lächelte und blinzelte gegen ihre eigenen Tränen. Sie warf dem DJ eine Kusshand zu. Dass Ben und Eva direkt neben ihm standen, konnte man als Zufall bezeichnen, oder eben auch nicht.

Danach gab es zumindest genug Gesprächsstoff für den Rest der Party.

Mark dirigierte sie sanft durch die Menge, stellte sie Leute vor, die sie noch nicht kannte, sagte zu anderen: „Sie erinnern sich doch noch an Lily, oder?“, und ließ sie nicht einmal los. Sie beantwortete Fragen nach ihren Liedern, nach ihrem Studium, ihrem Leben.

„Wir leben zusammen“, sagte Mark selbstbewusst, „fast ein Jahr schon!“

Seine Augen forderten jeden heraus, dazu etwas Gehässiges zu sagen, und niemand tat es. Es schien doch etwas anderes zu sein, dachte sie, ob man siebzehn oder zweiundzwanzig war, und ob man offen der Herausforderung entgegentrat, oder sich vor ihr verstecken wollte.

Und wenn sie ehrlich war, sie hatten selbst eine ziemlich lange Zeit ein Geheimnis aus ihrer Affäre gemacht, und hätten dies vermutlich fortgeführt, wären sie nicht entdeckt worden.

Der Abend schritt weiter fort, und es dauerte, bis die ersten Gäste aufbrachen, die unter anderen Umständen vielleicht längst verschwunden wären. Schließlich jedoch dünnte sich der Kreis langsam aus, was ganz gut war, denn Lily spürte lähmende Erschöpfung. Sie ging schließlich mit Mark zum Auto, und wurde an der Tür von einem erschrockenen Ben aufgehalten.

„Ihr wollt nicht wieder fahren, oder?“, bat er. „Das würde Eva das Herz brechen, Lily!“

„Beruhige dich, Pa“, sagte Mark. „Wir holen nur unsere Taschen. Wir schlafen beide fast im Stehen ein. Ich nehme an, mein Bett ist wie immer bezogen?“

„Natürlich“, sagte Ben, „und Lilys ...“

„Nicht nötig“, sagte Mark fest.

Ben errötete ein wenig.

„Natürlich“, erklärte er rasch. „Ich habe nicht nachgedacht. Ihr wisst, wo alles ist. Ich sage Eva Bescheid.“

„Lass uns schnell nach oben verschwinden“, seufzte Lily. „Ich schwöre, ich falle sonst noch um. Das ist zu viel für mich.“

„Glaub mir“, schnaufte Mark, der ihre Taschen aus dem Auto hob, „für mich auch. Viel zu viel Stress. Das nächste Mal mache ich vorher meine Hausaufgaben. Allerdings“, er zwinkerte ihr zu, „vielleicht war so ein

Sprung ins kalte Wasser gar nicht so schlimm? Und wie viele Leute deine Lieder gehört haben!“

„Frag mich das morgen früh noch einmal“, gähnte sie. „Abgesehen davon haben Silvester mehr Leute meine Lieder gehört.“

„Aber die kennen dich nicht“, grinste er. „Warte es ab. Ich glaube, da war auch der eine oder andere drunter, dessen Wort dir noch helfen kann.“

„Momentan hilft mir nur ein warmes Bett!“, bestimmte sie.

Sie liefen gleich vom Eingang die Treppe nach oben, in den altbekannten Gang, an Lilys geschlossener Tür vorbei zu Marks. Sein Zimmer war unverändert, das Bett unter der Tagesdecke tatsächlich bezogen, als ob es wirklich immer auf ihn warten würde. Er sah, wie sie ihre Hand darüber gleiten ließ.

„Möchtest du ...?“, fragte er leise.

Gemeinsam huschten sie durch das Bad. Lilys Tür war nicht abgeschlossen, und als sie das Licht anmachte, sah ihr Zimmer aus wie einst. Sie blickte sich langsam um, trat zum Bett und schlug unwillkürlich die Tagesdecke hoch.

Das Laken darunter war bezogen, genau wie bei Mark.

„Ich hatte es nicht so ... prinzessinnenhaft in Erinnerung“, sagte sie verwundert.

„Oh“, grinste er. „Ich schon. Komm. Ich bin müde.“

Sie war nachdenklich, als sie ihm zurückfolgte.

Wenn Eva sie damals vor die Tür gesetzt, wenn sie wirklich ihre Tochter aus dem Haus geworfen hatte – warum hielt sie dann ihr Zimmer für sie bereit?

Warum hatte sie ihre CD zur Hand und war sich nicht zu schade, der Welt von Beppo zu erzählen?

Warum sorgte Ben dafür, dass ihr Lied gespielt wurde, *dieses* Lied?

Warum ...?

Sie hätte es bestimmt schwer gefunden, einzuschlafen, wäre sie nicht so abgrundtief müde gewesen. Aber auch, wenn ihr Bett bezogen auf sie wartete – sie schlief in Marks Zimmer, in seinen Armen, wie einst in dieser letzten Nacht.

~

Am Morgen wurde sie spät geweckt, von einem leisen Klacken der Tür, und einer Stimme, die wisperte: „Mark?“

„Eva?“, brummte Mark verschlafen. „Was ist denn?“

„Nichts“, klang es von der Tür, ein bisschen erstickt. „Ich wollte nur wissen ... sie ist wirklich hier, oder?“

„Ja, Eva“, seufzte er, „sie ist wirklich hier. Geh ruhig. Ich denke, wir kommen bald runter.“

„Mark“, murmelte Lily, nachdem die Tür sich wieder geschlossen hatte. „Ich glaube, du weißt Dinge, die du mir verschweigst.“

Er gähnte und küsste ihre Wange.

„Sie muss es dir selber sagen“, erklärte er, „Das ist sie dir, mir und auch sich selber schuldig. So, und willst du jetzt als erstes duschen, oder ich, oder wir gemeinsam?“

„Mark“, wiederholte Lily ganz ernst. „Ich fürchte, ich kann nicht mit dir schlafen, wenn unsere Eltern sich unter demselben Dach befinden.“

Er lachte.

„Lily! Du schockierst mich!“

„Ich fürchte, es ist aber so. Oder vielleicht sollte ich besser sagen – wenn sie unten auf uns warten und vermutlich an genau das denken, an das auch du gerade denkst.“

„*Du* denkst daran“, zog er sie auf. „Ich habe nur vom Duschen gesprochen!“

„Ja, aber“, sie hob das Kinn, „so hat alles angefangen!“

Sie nutzten dann das Bad zwar zusammen, die Dusche jedoch getrennt, weil der Morgen schon so weit fortgeschritten war, und weil sie es beide hinter sich bringen wollten. Außerdem, so dachte Lily im Stillen, wenn sie das Haus heute noch verlassen musste, war es einfach besser, im Hellen zu fahren.

Die unteren Räume waren bereits von den Partyresten befreit worden. Eva scheuchte gerade die letzten der Putzkolonne hinaus, als sie hinunterkamen. Ihre Augen leuchteten.

„Ben hat Pancakes gemacht!“, sagte sie hektisch. „Die hast du früher doch so gerne gegessen, Lily!“

Lily war sich nicht sicher, ob sie überhaupt einen Happen herunterbringen konnte, aber sie folgte und setzte sich stumm neben Mark an den Küchentisch, wo bereits gedeckt war. O-Saft und Pancakes landeten vor ihr.

„Vergiss nicht", flüsterte Mark ihr zu, „wenn du nicht isst, werden sie mich zur Verantwortung ziehen, und am Ende wird mir noch die Zuwendung gekürzt!"

Sie musste lächeln und brachte es trotz ihres trockenen Mundes fertig, um eine Tasse Kaffee zu bitten. Sie kaute auch pflichtschuldig auf einem Pancake herum und bedauerte unwillkürlich die verschwendete Arbeit, denn sie war so nervös, dass sie praktisch gar nichts schmeckte.

Mark hatte schließlich Mitleid mit ihr, nahm ihr die Gabel aus der Hand und sagte: „Eva. Ich glaube, du solltest Lily endlich das erzählen, was du mir erzählt hast."

Lily sah, wie ein Zittern über ihre Mutter lief und sie nickte.

„Ja", meinte Eva, „wir müssen reden. Wir *müssen*. Aber lasst uns hinüber gehen, nicht hier."

Die Sonne fiel durch die breiten Scheiben der Gartenfenster, auf die Sessel und Sofas davor. Mark ließ sich in einem nieder, Lily ganz dicht neben sich. Sein Arm lag um ihre Schultern, ihre Füße zog sie unter sich, als wäre es einfacher, wenn sie weniger Angriffsfläche bot.

Eva und Ben setzten sich ihnen gegenüber. Eva war sehr blass, und Ben wirkte besorgt.

„Ich weiß nicht, was Mark dir erzählt hat", begann Eva zögernd.

Lily holte Luft.

„Nicht viel", gestand sie. „Er sagte, es wäre dir nicht gut gegangen. Er sagte, du wärst mit einem Burnout in die Klinik gegangen. Er sagte ..." Sie wechselte einen Blick mit ihm und setzte mit trockenem Mund hinzu: „Er sagte, dass Ben heimlich die Messer versteckt hätte, in dem Sommer ... danach."

„Ja", seufzte Eva. „Das hat er. Und vielleicht war es gut, dass er es tat. Lily, Süße, ich wollte nie ... ich wollte dich immer nur schützen. *Das* war es, was ich wollte. Aber ich weiß, ich bin es völlig falsch angegangen."

Schützen? Schützen, indem sie sie aus dem Haus warf? Lily zog die Stirn kraus. Eva streckte eine Hand aus und ließ sie kraftlos fallen.

„Du warst siebzehn", flüsterte sie. „Ihr beide wart gerade erst *siebzehn*. So jung, und noch so unschuldig. Mit siebzehn glaubt man daran, dass, wenn man nichts Unrechtes getan hat, das Leben fair zu einem sein wird. Aber das Leben ist nicht fair. Menschen sind nicht fair. Ich habe Beppo einst auch offen gesagt, dass ich ein Kind von ihm wollte, und dennoch ist er fortgelaufen."

„Warum", hier musste Lily einhaken, „warum hast du mich all die Jahre glauben lassen, er sei tot? Warum hast du es alle glauben lassen?"

„Es war eine Lüge, die am Anfang leichter schien", gestand Eva. „Du warst acht oder neun, als du ernsthaft nach ihm zu fragen begannst, und dir das *Er ist fort* nicht mehr reichte. Ich wollte dir nicht sagen, dass er uns verlassen hatte, dass er dich nicht gewollt hatte, und mich nicht mit dir. Die Lüge war so leicht. Du hast sie geglaubt, alle haben sie geglaubt. Und dann konnte ich es nicht mehr zurücknehmen. Aber mit jedem Jahr wog sie schwerer, mit jedem Tag, an dem du etwas machtest, was ihm ähnelte.

Ich war so wütend auf ihn. Ich war so wütend auf mich. Ich wollte nie wieder solche Lügen erzählen."

„Keine Skelette im Schrank", erinnerte sich Lily. „Ans Tageslicht mit den Geheimnissen."

Eva lachte zittrig auf.

„Vermutlich habe ich damit auch etwas übertrieben", meinte sie. „Ich bin kein Mensch der halben Dinge, das weißt du ja. Aber ich wollte dich immer schützen, vor allem. Du warst meine kleine Prinzessin, auf die ich so stolz war. Dass dieser Referendar dir unter meiner Obhut so wehtun konnte ..."

„Horst Heinrich", unterbrach Lily. „Nenn ihn bei seinem Namen. Er hieß Horst Heinrich."

„Tatsächlich?" Eva schüttelte den Kopf. „Für mich war er immer nur dieser Mann, dieser Pädophile ... Oh Süße, ich fand es entsetzlich, dass ich dich davor nicht hatte bewahren können. Und vielleicht habe ich darum deine Geschichte erzählt, weil ich abschrecken wollte, weil ich warnen wollte, weil ich ... weil ich mein kleines Mädchen nicht hergeben konnte."

„Und dann musstest du herausfinden, dass dein kleines Mädchen seit Monaten mit ihrem Stiefbruder schlief", sagte Lily, etwas Verständnis in ihr dämmernd. „Ein Schock."

„Ja", Eva nickte heftig. „Ein Schock. Ich hatte gehofft, dass Mark ein großer Bruder für dich sein würde, ein weiterer Schutz, und dann das! Ich konnte es nicht glauben. Ich wollte es nicht glauben! Und ich wollte nicht, dass es geschah, nicht hier, nicht, ohne dass ich dich schützen konnte. Eure Zimmer lagen nebeneinander! Ihr hattet dasselbe Bad! Es war nicht zu kontrollieren!“

Lily biss sich auf die Lippen.

„Vielleicht war ich *für dich* noch dein kleines Mädchen“, sagte sie, „aber ich *war* kein kleines Mädchen mehr. Ich war siebzehn. Viele haben in dem Alter Sex. Und du kanntest Mark. Du wusstest, dass er ein Guter ist.“

„Vielleicht“, wiederholte Eva langsam. „Doch vergiss nicht, wie schnell die Sache eskaliert war. Plötzlich gab es da diese Gerüchte, diese gemeinen, gehässigen Bemerkungen. Plötzlich hörte ich, dass du in der Schule gemobbt wurdest, wegen dieser Dinge. Dass man dir Inzest vorwarf! Und es kochte so schnell hoch!“

Sie holte tief Luft.

„Lily“, sagte sie bemüht ruhig. „Du kennst nicht einmal die Hälfte der falschen Gerüchte, die in diesen Wochen in Umlauf kamen, du hast nicht einmal einen Bruchteil der Dinge gehört, mit denen man mich konfrontierte. Ich geriet in Panik. Ben ... Ben geriet in Panik. Alles, was wir uns aufgebaut hatten, schien plötzlich zu zerbrechen. Du und Mark, ihr wolltet nicht einmal einsehen, was wir befürchteten, und so beschlossen wir, dass wir euch trennen mussten. Ich sah nur eine Möglichkeit, dich in Sicherheit zu bringen, raus aus dieser Schusslinie, bevor du hörtest, was man dir vorwarf, was man uns nachsagte. Ich weiß, dass ich überreagierte, aber damals ... damals sah ich nur noch dies. Elaine war für Mark keine Lösung, nicht nach der Sache mit dieser Frau. Meine Eltern leben nicht mehr. Aber Beppo war da, und ich wusste, wo. Ich erklärte ihm die Situation und drohte ihm, sagte ihm, dass ich all die Jahre nichts von ihm verlangt hätte, aber dass er jetzt für dich da sein müsste. Ich weiß, ich habe dich überfordert. Aber ich wollte dich wirklich nur in Sicherheit bringen! Ich habe doch versucht, es dir zu erklären!“

Hatte sie das? Lily wusste nicht mehr, was ihre Mutter damals alles gesagt hatte. Sie versuchte ein kleines Lächeln.

„Ich fürchte“, gab sie zu, „nachdem du mir erzählt hast, dass mein Vater lebt und ich zu ihm ziehen würde, habe ich nicht mehr viel gehört. Ich schätze, ich stand unter Schock.“

„Ja“, seufzte Eva. „Das weiß ich jetzt. Ich ahnte schon, dass ich einen Fehler gemacht hatte, als ich wegfuhr. Du hattest mich nicht einmal mehr angesehen, kein Wort mehr gesagt. Und dann wolltest du mich ans Telefon gehen, wenn ich anrief. Beppo sagte mir, ich hätte dich bei ihm abgeladen, nun sollte ich dich auch in Ruhe lassen. Ich glaube, erst da habe ich verstanden, wie alles auf dich gewirkt haben musste.“

Sie fuhr sich mit der Hand über das Gesicht und sammelte sich kurz.

„Ich habe nach Wegen gesucht, es besser zu machen“, fuhr sie fort. „Allerdings gebe ich zu, zunächst nur sehr halbherzig. Denn ich war froh, dass du aus der Schusslinie warst. Oh, es gab immer noch die Gerüchte, doch ohne dich wurden sie weniger, und zu Mark ... zu Mark und Ben waren sie nicht so gemein. Es wird in dieser Welt immer noch mit zweierlei Maß gemessen, Süße. Solche Dinge vergibt man leider Männern immer noch leichter als Frauen. Diese Welt ist keine faire Welt, und auch keine nette. Ich dachte, wenn ich zumindest bis zu deinem Geburtstag warte, wäre Gras über die Sache gewachsen. Aber dann sagte Beppo mir, dass du damit gedroht hattest, wegzulaufen, falls ich kommen würde, und dass er dir glaubte. Von dem Moment an hatte ich nur noch Angst – Angst, dass du abstürzt, dass du wegrennen und auf der Straße landen, Drogen nehmen würdest, dein Leben zerstört würde. Ich hatte so entsetzliche Angst. Ich dachte darüber nach, Mark zu sagen, wo du bist, aber Mark war ...“

„Auch sehr unkooperativ“, murmelte Mark.

„Ja“, bekannte Eva. „Ich fürchtete, dass er, wenn er deinen Aufenthaltsort kennen würde, sofort zu dir fahren und ihr zusammen weglaufen würdet. Ich sagte mir, nur noch bis zum Schulabschluss. Lass sie ihren Abschluss machen, und dann wird es besser. Dann sind sie aus der Schule, aus dem Haus, und es wird leichter. Ich kam zu deiner Feier, wild entschlossen, alles mit dir zu besprechen, alles zu klären.“

„Und ich war nicht da“, meinte Lily leise. „Ich war verschwunden.“

„Genau“, seufzte Eva. „Du warst fort, und das vielleicht für immer. Ich stritt furchtbar mit Beppo. Ich war so verzweifelt. Er sagte mir, dass du nie Geld von mir angenommen hättest, dass du gar nichts von mir wissen wolltest, ja, dass du dir sogar Arbeit gesucht hättest, um unabhängig zu sein. Er wollte mir das Geld zurückgeben, und da brach ich zusammen. Ich flehte ihn an, es zu behalten, ich flehte ihn an, sich um dich zu kümmern, dafür zu sorgen, dass du nicht unter die Räder gerietest. Doch was er versprach, klang sehr halbherzig.“

„Er hat mich zumindest darum gebeten, ihm zu sagen, wo ich bin“, erinnerte sich Lily, „und ja, vielleicht fing er an, sich um mich zu sorgen. Er meinte, ich müsse verzeihen lernen, damit der Hass mich nicht auffräße.“

„Du hast mich gehasst, nicht wahr?“, sagte Eva verzweifelt. „Ich wusste es. Ich wusste, dass ich dich verloren hatte. Oh, sogar Beppo hatte irgendwann Mitleid mit mir. Er sagte, du wärst stark und entschlossen, und dass du vernünftig wärst und keine Dummheiten machen würdest. Ich wusste nicht, ob ich ihm glauben konnte. Ich wusste nur, ich hatte mein Mädchen verloren, meine kleine Prinzessin, durch meine eigene Ungeschicklichkeit. In diesem Sommer ... Ja. Vielleicht war es gut, dass Ben die Messer versteckte. Ohne Ben“, sie warf ihm einen liebevollen Blick zu, „ohne Ben hätte ich es nie überstanden. Er überzeugte mich von der Klinik. Er fuhr mich selbst hin.“

„Hättest du dich wirklich umgebracht?“, fragte Lily ungläubig. „Meinetwegen?“

Eva lächelte müde.

„Lily, Liebes, ich war krank“, sagte sie. „Ich war erschöpft, ich war verzweifelt, ich war ausgebrannt. Ich glaubte, alles falsch gemacht zu haben, und dass es nie wieder gut werden konnte. Aber sie halfen mir. Und dann, im Sommer drauf, kam Mark wieder, und das gab mir Hoffnung. Wenn Mark Verständnis entwickeln konnte, wenn er verzieh – warum dann nicht auch eines Tages du? Also bat ich Ben, dich zu finden."

„Der Privatdetektiv", meinte Lily.

„Mark hat es dir erzählt, nicht wahr?", sagte Eva. „Es war nicht einfach. Und als wir dann wussten, wo du bist, dass du studiertest, allen Umständen zum Trotz, da wusste ich nicht, wie ich damit umgehen sollte. Sollte ich hinfahren, dich aufsuchen und damit riskieren, dass du alles hinwarfst und doch abtauchtest, wieder komplett verschwandst wie in dem Jahr nach deinem Schulabschluss? Ich wagte es nicht. Aber als Mark", sie lächelte erneut Ben an, „als Mark uns mitteilte, dass er die Uni wechseln würde, da wussten wir, er hatte den Umschlag gesehen. Und ab da fing ich an zu hoffen – dass er dich finden, dass er dich heimbringen würde. Ich gebe zu, es hat länger gedauert, als ich dachte. Aber jetzt bist du da. Und ich konnte dir endlich erzählen, was ich dir damals besser hätte erklären müssen. Es tut mir so leid, Lily. Dies alles tut mir so leid."

Eva endete, vorgebeugt, ihre Hände zwischen den Knien, als könne sie sie jeden Moment ausstrecken und die ihrer Tochter ergreifen. Lily wusste nicht, was sie sagen sollte. Ihre Mutter *liebte* sie, hatte sie *all die Jahre* geliebt.

„Wow", sagte sie schließlich. „Das ist ... das ist anders, als ich erwartet hatte. Und ja, ich denke ... ich denke, ich *kann* verstehen. Wenn ich ehrlich bin, Mark und ich haben unsere Affäre auch nicht ohne Grund geheim gehalten. Wir wussten, dass es Ärger geben würde. Wenn wir ehrlicher gewesen wären, wenn wir uns euch eher anvertraut hätten – vielleicht wäre es nie so eskaliert. Ich glaube, dafür muss ich mich entschuldigen. Wir haben euch auch ganz schön was zugemutet."

„Ich glaube, wir hätten uns alle geschickter verhalten können", setzte Mark leise hinzu.

Lily drückte seine Hand.

„Trotzdem", bekannte sie, „trotzdem glaube ich, dass ich Zeit brauche. Ich habe so lange ein Feindbild in meinem Kopf gehabt, mich so lange verlassen gefühlt ... ich kann nicht einfach so tun, als wäre da nichts."

„Eva hat dich nie verlassen", mischte sich Ben ein. „*Du* hast sie zurückgestoßen. *Du* wolltest nichts mehr von ihr wissen."

Lily errötete. Damit hatte er wohl Recht.

„Sie war siebzehn", verteidigte ihre Mutter sie.

„Siebzehn, und nicht zwölf", seufzte Lily. „Es stimmt schon. Wenn ich hätte sehen wollen, hätte ich sehen können, dass die Dinge nicht so waren, wie ich glauben wollte. Nun gut. Ich studiere Psychologie, um besser zu verstehen. Und wenn ich eines in meinem Studium gelernt habe, dann, dass manche Dinge einfach Zeit brauchen. Es war falsch, den Kontakt so komplett abzubrechen."

„Es war falsch, dich wegzugeben", sagte Eva. „Ich habe es begonnen. Ich möchte so gerne wissen, was du getan hast. Ich möchte so gerne wieder ein Teil deines Lebens sein. Du bist mein Kind, Lily, und egal, wie alt du wirst, das wirst du immer bleiben."

Lily nickte bedächtig.

„Darum bin ich auch froh“, erklärte sie, „und dennoch war nicht alles schlecht, was passiert ist. Ich habe das auch schon zu Mark gesagt. Meine Lieder sind ein Teil von mir. Beppo ist ein Teil meines Lebens geworden. Das wäre ansonsten nicht geschehen.“

„Ha“, machte Eva nicht ohne Befriedigung. „Ich bin sehr froh, dass er endlich zu begreifen scheint, welchen Schatz er da so lange ignoriert hat! *Beppo's Song for Lily* ist eines meiner Lieblingslieder!“

Lily konnte nicht anders, sie musste lächeln.

„Meines auch“, gestand sie. „Ich glaube, ich werde noch viele Lieder schreiben. Beppo möchte sich für mich um einen Plattenvertrag bemühen. Aber ich werde erst zu Ende studieren. Dann sehen wir weiter.“

Eva steckte zögerlich eine Hand aus, wie bittend, und Lily, nach einem Moment, ergriff sie schließlich. Evas Lächeln wurde strahlend.

„Dann sehen wir weiter“, flüsterte sie.

~

Nach diesem für alle aufreibenden Beginn brauchten sie eine Pause. Lily und Mark packten sich dick ein und gingen hinaus, suchten all die alten Stellen auf, an denen sie sich früher herumgetrieben hatten – ihre frühere Schule, das Café um die Ecke, die Kaufhalle am Ende der Straße, die Gärten, die Parks. Es waren andere Kinder dort als die, die sie gekannt hatten, und wie jung sie Lily plötzlich erschienen, jetzt, mit der Distanz von fünf Jahren. Sie sah diese Teenager-Mädchen an und konnte wieder ein Stück mehr ihrer Mutter verstehen.

Mark brachte sie zum Lachen, nahm ihr die heimliche Angst vor bösen Erinnerungen, veranstaltete eine Schneeballschlacht mit ihr, von der sie schließlich beide nass und kichernd zurück ins Haus platzten. Evas Augen waren verräterisch rot, ganz so, als bräuchte auch sie noch so einiges an Zeit, aber sie lächelte.

Beim Abendessen erzählte Lily schließlich, kam vom Hundertsten ins Tausendste, während Eva an ihren Lippen hing und Ben ihr irgendwann das Versprechen abnahm, Evas monatliche Zuwendung zu akzeptieren, damit man nicht immer über Mark gehen müsste. Sie sah die Erleichterung in Evas Augen, als sie ihm ihre Kontonummer nannte, und sie verspürte zum ersten Mal ein schlechtes Gewissen, weil sie ihre Mutter so lange von sich gestoßen hatte.

Als sie am nächsten Morgen wieder fuhren, versprach Lily, beim nächsten Besuch ihre Gitarre mitzubringen. Es würde einen nächsten Besuch geben.

Sie wusste nicht, was die Zukunft bringen würde, ob sie nach ihrem Studium arbeiten, ob sie singen würde, ob sie und Mark ein Paar bleiben würden.

Aber sie wusste eines: Die Zeit der Heilung hatte begonnen.

~~~
~~~

RegenTropfen

Regen
Tropfen
Fallen auf uns herab
Und deine Hand in meinem Haar
Und deine Hand auf meiner Haut
Eröffnet mir die Welt

Doch was verboten
Ist nicht erlaubt
Wenn auch nicht logisch
Wird's mir geraubt
Und ihr Willen zählt so viel mehr
Als wir

Regen
Tropfen
Fallen auf uns herab
Fort ist die Hand aus meinem Haar
Fort ist die Hand von meiner Haut
Verschwunden meine Welt

Regen
Tropfen
Fallen auf uns herab
So kalt geworden ist mein Haar
Wie Eis erstarrt ist meine Haut
Verloren unsere Welt

Der Mann am Fenster

Der Mann am Fenster
Singt leise vor sich hin
Nicht mehr jung, noch nicht alt
Die Träume in sich drin
Der Mann am Fenster
lässt seinen Traum nicht gehen
kommt auch Not, kommt auch Pein
er wird am Ende stehen

Beppo's Song for Lily

Suddenly
She was there
Eyes like tears
Pale blond hair
Light inside my dark

Suddenly
She appeared
Showed me that
Where I stood
All around was dark

And her light
Shoved away
Darkness I'd forgot
Painted sun
Painted light
All across my dark